# 最終処分率を、1%以下に。
—— ICTで、持続可能な未来へ。

資源が持続的に利用できる未来に向けて。
排出する廃棄物の最終処分率をゼロエミッション*にします。

私たちNTTグループは、

ICTをはじめとするさまざまなサービスを提供するために、たくさんの資源を使っています。

地球から資源がなくなれば、事業もつづけることはできません。

だからこそ、NTTグループが排出する廃棄物については、

ゴミとなる最終処分量を1%以下（ゼロエミッション）としています。

また、こうした環境問題への取り組みだけでなく、貧困、病気、災害、不平等など、

経済成長や社会に影響を及ぼす課題に、これからも積極的に取り組んでいきます。

すべては、ICTの力を使って、世界を変えていくために。

NTTグループは、さまざまな皆さまとコラボレーションし、新しい市場やサービスを創出することで、

社会の持続的発展にさらなる貢献を続けていきます。

*NTTグループでは、最終処分率1%以下をゼロエミッションとして定義しています。

**NEC**

ともに奏で、ともに創る。
私たちの未来。

私たちは世界中の人びとと協奏しながら、
先進のICTで、明るく希望に満ちた社会を実現していきます。

**Orchestrating** a brighter world

# 社会価値創造企業へ

～これからも地域社会の課題に価値あるソリューションを提供してまいります～

社会・経済を支えるインフラを創る・守る

ソフト・ハードの両面で社会・地域を災害から守る

・自然・まちが共生するインフラを創る・守る

高度技術や道路空間の活用により
安全・円滑・快適を実現

タルプロデュースにより地域の魅力を向上

総合事業としてプロジェクトの上流から
下流まで全面的に参画

株式会社 オリエンタルコンサルタンツ
ORICONSUL

マイナンバーカードを利用した
オンライン資格確認

服薬情報をスマホで確認できる
電子お薬手帳「お薬手帳プラス」

## 時代が変える 薬局ができること

# デジタル × 薬剤師

Communication

私たちが目指すのは、病気に向き合う患者さまや
健康の維持・増進に取り組む一人ひとりにとって、頼れるパートナーになること。

患者さまの利便性向上へ
オンライン服薬指導

膨大な処方箋情報からもたらされる
ビッグデータの活用

日本調剤は時代ニーズにマッチした柔軟な発想と最新のデジタル技術力で
医療と社会に貢献していきます。

JP 日本調剤

一般社団法人
ASP・SaaS・AI・IoT クラウド産業協会(ASPIC)
(クラウドサービス情報開示認定機関) 会長　河合　輝欣

URL　https://www.aspicjapan.org　E-mail　office@aspicjapan.org

〒141-0031 東京都品川区西五反田 7-3-1 たつみビル　TEL 03-6662-6591　　FAX 03-6662-6347

## 1.「クラウドサービスの安全性・信頼性に係る情報開示認定制度」の運営

情報開示認定制度はクラウドサービス事業者が安全・信頼性にかかる情報を適切に開示しているサービスを認定する制度で、ASPIC が認定機関として運営しています。
認定されたサービスは認定サイトに公表され、これにより利用者はサービスの比較、評価、選択が可能となります。
2008 年より運用を開始し、累計286のクラウドサービスが認定を取得しています。

詳細は、URL : https://www.aspicjapan.org/nintei

以下 7 つの制度を総称して、情報開示認定制度といいます。

ASP・SaaS　　　　　　　　IoT　　　　　IaaS PaaS　　DC

## 2．クラウドサービス紹介サイト「アスピック」の運営

クラウドサービス紹介サイト「アスピック」は、クラウドサービス事業者が自社サービスの特徴、優れた機能の情報を掲載します。これにより、利用者はサービスの比較、評価、選択が可能となります。2019 年 4 月より運用を開始し、307サービスを掲載しています。

　ASPIC公式サービス
アスピック

詳細は、
URL : https://www.aspicjapan.org/asu

## 3．IoT・AI・クラウドアワードにより優良なサービスを表彰

クラウドサービスの認知度向上のため、優秀なクラウドサービスを表彰しています。　毎年開催し、今年で 15 回目となります。
最優秀サービスには「総務大臣賞」が授与されます。

## 4．会員企業のビジネス支援活動

(1) IoT、AI、セキュリティ、新技術等 13 分野のクラウド研究会を開催（年間 24 回開催）
今期はオンラインセミナーで開催しています。
(2) 会員企業にクラウドトピックス等の情報を提供（年間 100 回以上）
新たに ASPIC レポート（月刊）の提供も始めました。

2022年版

# 総務省名鑑

時評社

官庁名鑑 WEB サービス　無料トライアルについての
詳細は、目次最終ページ（Ⅸ）をご覧ください。

# 目　　次

# 消防庁

# 資　　料

（※ 総務省の現状が一目でわかるデータ，グラフ満載）

# ●本　　　省

**総務事務次官 命 総務省倫理監督官**
Ministry of Internal Affairs and
Communications Vice-Minister

# 黒　田　武一郎 （くろだ　ぶいちろう）

昭和35年２月20日生．兵庫県出身．
東京大学法学部

| | |
|---|---|
| 昭和57年４月 | 自治省財政局交付税課 兼 大臣官房総務課 |
| 昭和57年７月 | 秋田県地方課 |
| 昭和59年８月 | 参議院法制局第四部第二課 |
| 昭和60年７月 | 自治省財政局交付税課 |
| 昭和62年４月 | 広島市商工課長 |
| 平成元年４月 | 広島市財政課長 |
| 平成２年４月 | 地方公務員災害補償基金審査課次長 |
| 平成３年７月 | 熊本県財政課長 |
| 平成６年４月 | 自治省財政局調整室課長補佐 |
| 平成８年４月 | 自治省財政局地方債課課長補佐 |
| 平成９年１月 | 自治省財政局地方債課理事官 |
| 平成10年４月 | 自治省財政局財政課財政企画官 |
| 平成11年７月 | 熊本県総務部長 |
| 平成12年５月 | 熊本県副知事 |
| 平成16年６月 | 総務省自治財政局財政課財政企画官 併任 大臣官房参事官 |
| 平成17年１月 | 総務省自治財政局交付税課長 |
| 平成19年７月 | 総務省自治財政局地方債課長 |
| 平成21年７月 | 総務省自治行政局地域政策課長 |
| 平成22年４月 | 総務省自治財政局財政課長 |
| 平成24年８月 | 総務省大臣官房審議官（財政制度・財務担当） |
| 平成25年８月 | 内閣官房内閣審議官（内閣官房副長官補付） |
| 平成27年７月 | 総務省大臣官房長 |
| 平成28年６月 | 総務省自治財政局長 |
| 平成30年８月 | 総務省消防庁長官 |
| 令和元年７月 | 総務審議官（自治行政） |
| 令和元年12月 | 総務事務次官 |

**総務審議官（行政制度）**
Vice-Minister for Policy Coordination

# 山 下 哲 夫（やました　てつお）

昭和36年7月4日生．東京都出身．
国立筑波大学附属高校，東京大学法学部

| | |
|---|---|
| 平成16年7月 | 総務省行政評価局評価監視官（独立行政法人第二等担当） |
| 平成17年12月 | 内閣官房内閣参事官（行政改革推進事務局） |
| 平成18年7月 | 総務省行政管理局管理官（法務・農水等）（内閣・総務・財務等） |
| 平成21年7月 | 総務省行政管理局行政情報システム企画課長 |
| 平成21年10月 | 内閣府行政刷新会議事務局参事官 |
| 平成23年3月 | 平成23年（2011年）東北地方太平洋沖地震緊急災害対策本部被災者生活支援チーム事務局参事官 |
| 平成23年7月 | 総務省行政管理局企画調整課長 |
| 平成25年6月 | 総務省大臣官房参事官 |
| 平成26年7月 | 内閣官房内閣審議官（内閣官房副長官補付）命 内閣官房行政改革推進本部事務局次長 |
| 平成28年6月 | 総務省行政管理局長 |
| 平成30年7月 | 内閣官房内閣審議官（内閣官房副長官補付）命 内閣官房行政改革推進本部事務局長 |
| 令和元年7月 | 内閣官房内閣人事局人事政策統括官 |
| 令和3年7月 | 総務審議官（行政制度） |

**総務審議官（郵政・通信）**
Vice-Minister for Policy Coordination

# 竹 内 芳 明（たけうち　よしあき）

昭和37年3月27日生. 香川県出身.

| | |
|---|---|
| 昭和60年4月 | 郵政省入省 |
| 平成10年6月 | 郵政省東北電気通信監理局総務部長 |
| 平成11年7月 | 郵政省電気通信局電波部衛星移動通信課次世代航空通信システム開発室長 |
| 平成13年7月 | 総務省情報通信政策局宇宙通信調査室長 |
| 平成15年8月 | 総務省情報通信政策局研究推進室長 |
| 平成18年7月 | 総務省情報通信政策局宇宙通信政策課長 |
| 平成19年7月 | 総務省総合通信基盤局電気通信事業部電気通信技術システム課長 |
| 平成20年7月 | 総務省総合通信基盤局電波部移動通信課長 |
| 平成22年7月 | 総務省情報通信国際戦略局技術政策課長 |
| 平成23年7月 | 総務省総合通信基盤局電波部電波政策課長 |
| 平成26年7月 | 総務省東北総合通信局長 |
| 平成27年7月 | 経済産業省大臣官房審議官（IT戦略担当） |
| 平成29年7月 | 総務省総合通信基盤局電波部長 |
| 平成30年7月 | 総務省サイバーセキュリティ統括官 |
| 令和2年7月 | 総務省総合通信基盤局長 |
| 令和3年7月 | 総務審議官（郵政・通信） |

趣味　マラソン，夏山，ソフトボール，バドミントン

**総務審議官（国際）**
Vice-Minister for Policy Coordination

# 佐々木　祐　二（ささき　ゆうじ）

昭和39年3月8日生.
神奈川県立湘南高校，東京大学経済学部経済学科

| | |
|---|---|
| 昭和62年4月 | 郵政省入省 |
| 平成13年1月 | 総務省情報通信政策局総務課課長補佐 |
| 平成13年7月 | 総務省大臣官房秘書課課長補佐 |
| 平成14年8月 | 総務省総合通信基盤局電波部移動通信課高度道路交通システム推進官 |
| 平成16年4月 | 総務省総合通信基盤局国際部国際政策課国際広報官 |
| 平成16年8月 | 国際通信経済研究所北京事務所（研究休職） |
| 平成18年7月 | 総務省大臣官房秘書課調査官 |
| 平成19年10月 | 総務省総合通信基盤局電波部基幹通信課長 |
| 平成21年7月 | 総務省情報流通行政局衛星放送課長 併任 地域放送課長 |
| 平成21年9月 | 総務省情報流通行政局衛星・地域放送課長 |
| 平成23年7月 | 総務省情報流通行政局放送政策課長 |
| 平成24年8月 | 総務省情報流通行政局郵政行政部企画課長 |
| 平成25年6月 | 内閣官房内閣参事官（内閣広報室） |
| 平成26年7月 | 総務省情報通信国際戦略局国際政策課長 |
| 平成27年7月 | 総務省総合通信基盤局総務課長 |
| 平成28年6月 | 総務省大臣官房参事官（秘書課担当） |
| 平成30年7月 | 総務省中部管区行政評価局長 |
| 令和元年7月 | 総務省近畿総合通信局長 |
| 令和2年7月 | 総務省情報流通行政局郵政行政部長 |
| 令和3年7月 | 総務審議官（国際） |

**総務省大臣官房長**
Director-General Minister's Secretariat

# 原　　邦　彰（はら　くにあき）

昭和39年9月18日生. 神奈川県出身.
東京大学法学部

| | |
|---|---|
| 昭和63年4月 | 自治省入省（財政局交付税課兼大臣官房総務課） |
| 昭和63年7月 | 茨城県地方課 |
| 平成元年4月 | 茨城県財政課 |
| 平成2年4月 | 消防庁総務課 |
| 平成2年10月 | 自治省財政局財政課 |
| 平成5年4月 | 宮崎県人事課行政管理監 |
| 平成6年4月 | 宮崎県地域振興室長 |
| 平成6年10月 | 宮崎県財政課長 |
| 平成9年4月 | 経済企画庁財政金融課課長補佐 |
| 平成11年4月 | 自治省税務局固定資産税課審査訴訟専門官 |
| 平成12年8月 | 自治省財政局調整室課長補佐 |
| 平成13年1月 | 総務省自治財政局調整課課長補佐 |
| 平成14年2月 | 総務省自治税務局企画課課長補佐 |
| 平成15年8月 | 総務省自治財政局財政課理事官 |
| 平成16年4月 | 総務省自治財政局財政課財政企画官 |
| 平成17年4月 | 和歌山県総務部長 |
| 平成19年1月 | 和歌山県副知事 |
| 平成21年4月 | 総務省自治行政局公務員部公務員課給与能率推進室長 |
| 平成22年7月 | 内閣官房内閣参事官（内閣官房副長官補付） |
| 平成24年9月 | 総務省自治行政局市町村体制整備課長 |
| 平成25年4月 | 総務省自治行政局市町村課長 |
| 平成26年4月 | 総務省自治財政局財務調査課長 |
| 平成27年7月 | 総務省自治財政局調整課長 |
| 平成29年7月 | 内閣官房内閣審議官（内閣総務官室）命 内閣官房人事管理官 命 内閣官房皇室典範改正準備室副室長 併任 内閣官房内閣人事局 |
| 平成30年7月 | 内閣官房内閣総務官室内閣総務官 併任 内閣人事局人事政策統括官 命 内閣官房皇室典範改正準備室長 命 皇位継承式典事務局次長 併任 内閣府大臣官房 |
| 令和2年7月 | 総務省大臣官房長 |

**総務省大臣官房総括審議官（新型コロナウイル
ス感染症対策、政策企画（副）担当）**

山　野　　　謙（やまの　けん）

昭和41年 3 月26日生．宮崎県出身．
東京大学法学部

| | |
|---|---|
| 平成元年 4 月 | 自治省入省（税務局固定資産税課 兼 大臣官房総務課） |
| 平成元年 7 月 | 京都府総務部地方課 |
| 平成 2 年 6 月 | 衆議院法制局第一部第二課 |
| 平成 3 年 4 月 | 自治大学校 |
| 平成 4 年 4 月 | 自治省大臣官房総務課（兼）財政局地方債課 |
| 平成 5 年 4 月 | 自治省財政局地方債課 |
| 平成 6 年 4 月 | 新潟県行政情報室長 |
| 平成 8 年 4 月 | 新潟県情報政策課長 |
| 平成10年 4 月 | 新潟県財政課長 |
| 平成12年 4 月 | 自治省大臣官房総務課課長補佐 |
| 平成12年 6 月 | 国土庁大都市圏整備局総務課課長補佐 |
| 平成13年 1 月 | 国土交通省都市・地域整備局企画課課長補佐 |
| 平成13年 4 月 | 青森県企画振興部次長 |
| 平成14年 9 月 | 総務省自治財政局地方債課課長補佐 |
| 平成15年 7 月 | 鳥取県米子市助役 |
| 平成17年 4 月 | 総務省自治財政局財政制度調整官 |
| 平成18年 8 月 | 公営企業金融公庫経理部資金課長 |
| 平成20年10月 | 地方公営企業等金融機構経営企画部企画課長 |
| 平成21年 4 月 | 福岡県総務部長 |
| 平成25年 7 月 | 内閣官房副長官補付内閣参事官（併）行政改革推進本部国家公務員制度改革事務局参事官 |
| 平成26年 7 月 | 総務省行政管理局管理官（併）内閣官房内閣参事官（内閣人事局） |
| 平成27年 7 月 | 地方公共団体金融機構経営企画部長 |
| 平成29年 7 月 | 総務省大臣官房総務課長 |
| 平成30年 7 月 | 内閣官房副長官補付内閣審議官（併）内閣府本府地方分権改革推進室次長 |
| 令和元年 7 月 | 大阪府副知事 |
| 令和 3 年 7 月 | 総務省大臣官房総括審議官（新型コロナウイルス感染症対策、政策企画（副）担当） |

**総務省大臣官房総括審議官（情報通信担当）**

# 竹 村 晃 一（たけむら　こういち）

昭和40年 7 月11日生．兵庫県出身．
武蔵高等学校，東京大学経済学部

| | |
|---|---|
| 平成元年 4 月 | 郵政省入省（大臣官房企画課） |
| 平成 4 年 6 月 | 米国留学（ミシガン大学大学院） |
| 平成 5 年 7 月 | 郵政省通信政策局政策課係長 |
| 平成 7 年 7 月 | 仙台市役所 |
| 平成 9 年 7 月 | 郵政省通信政策局地域通信振興課課長補佐 |
| 平成11年 7 月 | 郵政省簡易保険局資金運用課課長補佐 |
| 平成13年 1 月 | 総務省郵政企画管理局保険経営計画課課長補佐 |
| 平成14年 8 月 | 総務省郵政企画管理局保険企画課課長補佐 |
| 平成16年 4 月 | 総務省総合通信基盤局電波部移動通信課ITS推進官 |
| 平成17年 8 月 | 総務省総合通信基盤局電波部電波政策課企画官 |
| 平成19年10月 | 金融庁監督局郵便貯金・保険監督参事官室企画官 |
| 平成20年 7 月 | 総務省情報通信国際戦略局情報通信政策課調査官 |
| 平成21年 7 月 | 内閣官房内閣参事官（IT担当室） |
| 平成23年 7 月 | 総務省情報流通行政局情報通信作品振興課長 |
| 平成25年 6 月 | 総務省総合通信基盤局電気通信事業部料金サービス課長 |
| 平成28年 6 月 | 総務省総合通信基盤局電気通信事業部事業政策課長 |
| 平成30年 7 月 | 総務省総合通信基盤局総務課長 |
| 令和元年 7 月 | 総務省総合通信基盤局電気通信事業部長 |
| 令和 2 年 7 月 | 総務省大臣官房総括審議官（情報通信担当） |

**総務省大臣官房政策立案総括審議官 併任 公文
書監理官**
Director-General for Evidence-based
Policymaking (, Chief Record Officer)

# 阪 本 克 彦 （さかもと　かつひこ）

昭和42年3月18日生．東京都出身．A型
国立東京学芸大学附属高校，東京大学経済学部経済学科

平成元年4月　総理府入府　平成7年3月　佐賀県警察本部生活安全部
生活安全課長　平成9年7月　総務庁人事局参事官補佐（職員第二）　平
成12年8月　総務庁行政管理局副管理官（特殊法人総括、独立行政法人
総括、外務省）　平成14年5月　総務省行政評価局評価監視調査官（独立
行政法人）　平成16年10月　総務省行政管理局調査官 兼 行政改革推進本
部事務局調整室企画官

| 平成17年10月 | 中馬国務大臣官秘書官事務取扱（行政改革、規制改革、国家公務員制度改革、構造改革特区、地域再生、産業再生） |
|---|---|
| 平成18年9月 | 総務省行政管理局企画調整課企画官 |
| 平成19年7月 | 総務省人事・恩給局公務員高齢対策課長 |
| 平成20年8月 | 国家公務員制度改革推進本部参事官 |
| 平成22年1月 | 総務省行政管理局管理官（行政改革総括、厚生労働省、宮内庁、経済産業省、環境省） |
| 平成23年4月 | 内閣官房内閣参事官（復興法案準備室） |
| 平成23年6月 | 東日本大震災復興対策本部事務局参事官 |
| 平成24年2月 | 復興庁参事官 |
| 平成24年8月 | 総務省行政管理局管理官（外務省、防衛省、農林水産省等） |
| 平成25年6月 | 国家公務員制度改革事務局参事官 |
| 平成26年7月 | 総務省行政管理局企画調整課長 |
| 平成27年7月 | 内閣官房内閣参事官（内閣人事局） |
| 平成29年1月 | 内閣官房内閣参事官（内閣人事局、統計改革推進室） |
| 平成29年7月 | 総務省統計企画管理官 兼 内閣官房内閣参事官（統計改革推進室） |
| 平成30年7月 | 内閣官房内閣審議官 命 行政改革推進本部事務局次長 命 統計改革推進室長 |
| 平成31年1月 | 内閣官房内閣審議官 命 行政改革推進本部事務局次長 命 統計改革推進室長 兼 総務省政策統括官付 |
| 令和2年7月 | 総務省大臣官房政策立案総括審議官 併任 公文書監理官 兼 内閣官房内閣審議官 命 統計改革推進室次長 |

**総務省大臣官房サイバーセキュリティ・情報化審議官**
Deputy Director-General for Cybersecurity and Information
Technology Management

# 湯 本 博 信 (ゆもと　ひろのぶ)

昭和41年12月26日生．千葉県出身．
私立開成高校，東京大学経済学部経済学科

| | |
|---|---|
| 平成 2 年 4 月 | 郵政省入省（電気通信局電波部計画課） |
| 平成 4 年 7 月 | 外務省国際連合局科学課 |
| 平成 6 年 7 月 | 郵政省電気通信局電気通信事業部データ通信課事業振興係長 |
| 平成 8 年 7 月 | 渋川郵便局長（群馬県） |
| 平成 9 年 5 月 | 郵政省通信政策局技術政策課課長補佐 |
| 平成12年 5 月 | 在中国日本国大使館一等書記官 |
| 平成15年 7 月 | 総務省総合通信基盤局電気通信事業部事業政策課統括補佐 |
| 平成17年 8 月 | 総務省総合通信基盤局電気通信事業部事業政策課調査官 |
| 平成19年 8 月 | 総務大臣秘書官（事務取扱） |
| 平成20年 9 月 | 総務省情報通信国際戦略局情報通信政策課調査官 |
| 平成22年 7 月 | 総務省情報通信国際戦略局国際協力課長 |
| 平成25年 6 月 | 総務省情報流通行政局情報通信作品振興課長 |
| 平成27年 7 月 | 総務省総合通信基盤局電気通信事業部消費者行政課長 |
| 平成28年 7 月 | 総務省総合通信基盤局電気通信事業部消費者行政第二課長 |
| 平成29年 7 月 | 総務省情報流通行政局放送政策課長 |
| 令和元年 7 月 | 総務省情報流通行政局総務課長 |
| 令和 2 年 4 月 | 情報通信政策研究所長を併任 |
| 令和 2 年 7 月 | 総務省大臣官房審議官（情報流通行政局担当） |
| 令和 3 年 2 月 | 総務省大臣官房付 |
| 令和 3 年 7 月 | 総務省大臣官房サイバーセキュリティ・情報化審議官 |

**総務省大臣官房審議官（大臣官房調整部門、行政管理局担当）併任 行政不服審査会事務局長**

## 七 條 浩 二（しちじょう　こうじ）

昭和43年12月20日生．香川県出身．
一橋大学法学部

| | |
|---|---|
| 平成 4 年 4 月 | 総務庁入庁 |
| 平成11年 2 月 | 高知県警察本部生活安全部生活安全企画課長 |
| 平成13年 1 月 | 内閣府政策統括官（科学技術政策担当）付参事官（横断的事項検討担当）付参事官補佐 |
| 平成14年 7 月 | 総務省行政管理局副管理官 |
| 平成16年 5 月 | 総務省行政管理局行政情報システム企画課課長補佐 |
| 平成18年 4 月 | 神戸市行財政局財政部長 |
| 平成20年 4 月 | 総務省行政管理局行政情報システム企画課企画官（内閣官房公文書管理検討室併任） |
| 平成20年 7 月 | 総務省行政管理局個人情報保護室長（内閣官房公文書管理検討室併任） |
| 平成22年10月 | 兼 内閣官房情報公開法改正準備室 |
| 平成24年 9 月 | 内閣府地域主権戦略室参事官 |
| 平成25年 1 月 | 内閣府地方分権改革推進室参事官 |
| 平成26年 7 月 | 厚生労働省社会・援護局保護課長 |
| 平成27年 4 月 | 厚生労働省社会・援護局援護・業務課長 |
| 平成28年 6 月 | 内閣官房行政改革推進本部事務局参事官 |
| 平成29年 7 月 | 内閣官房内閣参事官（内閣人事局）併任 総務省行政管理局管理官（内閣・内閣府・総務・財務・金融等） |
| 平成30年 7 月 | 内閣官房内閣参事官（内閣人事局） |
| 令和 2 年 7 月 | 総務省行政管理局企画調整課長 |
| 令和 3 年 7 月 | 総務省大臣官房審議官（大臣官房調整部門、行政管理局担当）併任 行政不服審査会事務局長 |

**総務省大臣官房秘書課長 命 人事管理官**

**砂 山　　裕**（すなやま　ゆたか）

昭和45年 3 月14日生．群馬県出身．
早稲田大学法学部，米ハーバード大学公共政策修士

| | |
|---|---|
| 平成 4 年 4 月 | 総理府・総務庁採用 |
| 平成13年 1 月 | 総務省行政評価局評価監視調査官（政策評価官室） |
| 平成13年 7 月 | 併任 行政評価局総務課 |
| 平成14年 7 月 | 併任 行政評価局総務課政策評価審議室 |
| 平成14年10月 | 総務省行政評価局総務課政策評価審議室課長補佐 |
| 平成15年 1 月 | 総務省行政評価局総務課長補佐 |
| 平成15年 7 月 | 財務省主計局調査課課長補佐 |
| 平成16年 7 月 | 財務省主計局主計官補佐（文部科学第五係主査） |
| 平成17年 7 月 | 総務省行政評価局評価監視調査官（独立行政法人評価担当） |
| 平成17年 8 月 | 総務省行政評価局総括評価監視調査官（独立行政法人評価担当） |
| 平成19年 8 月 | 総務省大臣官房秘書課課長補佐 併任 人事専門官 |
| 平成20年 7 月 | 総務省人事・恩給局総務課企画官 |
| 平成21年 9 月 | 総務省行政管理局調査官 併任 内閣官房 命 国務大臣秘書官事務取扱 |
| 平成23年 9 月 | 総務省行政評価局評価監視官（国土交通担当） |
| 平成24年 7 月 | 外務省在ジュネーブ国際機関日本政府代表部参事官 |
| 平成27年 8 月 | 内閣官房内閣参事官（内閣人事局）（併）総務省行政管理局管理官（内閣・内閣府・総務・公調委・金融・財務等） |
| 平成29年 7 月 | 総務省行政評価局評価監視官（総務、環境、行政運営効率化等担当） |
| 平成30年 7 月 | 総務省行政評価局政策評価課長 |
| 令和元年 7 月 | 総務省行政評価局行政相談企画課長 |
| 令和 2 年 7 月 | 総務省行政評価局総務課長 |
| 令和 3 年 7 月 | 総務省大臣官房秘書課長 命 人事管理官 |

主要論文　「国の行政機関におけるEBPMの取組実例の研究－現状と課題－」
（日本評価学会『日本評価研究』第20巻第 2 号、2020年）

**総務省大臣官房参事官（秘書課担当）**

# 田　中　聖　也（たなか　まさや）

昭和45年5月15日生．埼玉県出身．
東京大学法学部

| | |
|---|---|
| 平成5年4月 | 自治省入省 |
| 平成18年7月 | 総務省自治行政局行政課課長補佐 |
| 平成19年4月 | 内閣府地方分権改革推進委員会事務局参事官補佐 |
| 平成21年7月 | 総務省自治行政局行政課行政企画官 兼 大都市制度専門官事務取扱 |
| 平成23年4月 | 山梨県総務部長 |
| 平成25年4月 | 全国知事会部長 兼 地方自治確立対策協議会地方分権改革推進本部事務局部長 |
| 平成27年7月 | 総務省自治行政局公務員部公務員課給与能率推進室長 |
| 平成28年6月 | 総務省自治行政局市町村課行政経営支援室長 |
| 平成29年7月 | 内閣官房内閣参事官（内閣総務官室） |
| 令和元年7月 | 総務省自治行政局市町村課長 |
| 令和2年7月 | 総務省大臣官房参事官（秘書課担当） |

**総務省大臣官房参事官（秘書課担当）**

# 山 碕 良 志（やまざき　りょうじ）

昭和42年10月 4 日生．愛知県出身．
愛知県立千種高等学校，東京大学法学部

| | |
|---|---|
| 平成 3 年 4 月 | 郵政省入省 |
| 平成 9 年 7 月 | 福岡市総務企画局企画調整部課長（高度情報化担当） |
| 平成19年10月 | 総務省郵政行政局企画課管理室長 |
| 平成20年 7 月 | 総務省情報通信国際戦略局情報通信政策課調査官 |
| 平成20年 9 月 | 総務大臣秘書官事務取扱 |
| 平成21年 9 月 | 総務省情報流通行政局郵政行政部企画課調査官 |
| 平成21年10月 | 内閣官房郵政改革推進室企画官 |
| 平成24年 7 月 | 総務省情報流通行政局情報流通振興課情報セキュリティ対策室長 |
| 平成26年 1 月 | 総務省情報流通行政局郵政行政部郵便課長 |
| 平成27年 7 月 | 総務省情報流通行政局地域通信振興課長 |
| 平成28年 6 月 | 総務省情報通信国際戦略局国際政策課長 |
| 平成29年 9 月 | 総務省国際戦略局国際政策課長 |
| 平成30年 7 月 | 総務省総合通信基盤局電気通信事業部事業政策課長 |
| 令和 2 年 4 月 | 総合通信基盤局電気通信事業部データ通信課長を併任 |
| 令和 2 年 7 月 | 総務省大臣官房参事官（秘書課担当） |

**総務省大臣官房総務課長**

# 内 藤 茂 雄 （ないとう　しげお）

昭和43年11月28日生．京都府出身．
東京大学法学部

| | |
|---|---|
| 平成 3 年 4 月 | 郵政省入省 |
| 平成18年 8 月 | 総務省情報通信政策局情報通信政策課通信・放送法制企画室長 |
| 平成20年 7 月 | 国土交通省道路局路政課道路利用調整室長 |
| 平成22年 7 月 | 内閣官房知的財産戦略推進事務局企画官 |
| 平成23年 7 月 | 総務省総合通信基盤局電波部電波政策課企画官 |
| 平成25年 8 月 | 官民交流派遣 |
| 平成27年 8 月 | 総務省総合通信基盤局電波部衛星移動通信課長 |
| 平成28年 7 月 | 総務省総合通信基盤局電波部基幹・衛星移動通信課長 併任 消防庁国民保護・防災部参事官 |
| 平成29年 7 月 | 総務省総合通信基盤局電気通信事業部データ通信課長 |
| 平成30年 7 月 | 消費者庁消費者政策課長 |
| 令和 3 年 7 月 | 総務省大臣官房総務課長 |

**総務省大臣官房参事官 併任 総務課公文書監理室長**

# 阿　向　泰二郎（あこう　たいじろう）

昭和45年8月3日生．熊本県天草市出身．AB型
熊本県立済々黌高校，九州大学

| | |
|---|---|
| 平成5年4月 | 総務庁入庁 |
| 平成13年1月 | 総務省大臣官房企画課課長補佐 |
| 平成15年7月 | 総務省行政管理局副管理官 |
| 平成16年7月 | 総務省統計局参事官補佐 |
| 平成19年7月 | 総務省統計局総務課課長補佐 |
| 平成20年4月 | 独立行政法人統計センター総務部経営企画室企画監 |
| 平成20年7月 | 独立行政法人統計センター総務部総務課長 |
| 平成23年7月 | 総務省行政管理局企画調整課企画官 |
| 平成25年6月 | 内閣官房副長官補付企画官 命 情報通信技術（IT）総合戦略室企画官 |
| 平成26年5月 | 総務省行政管理局管理官（政府情報システム基盤）併：行政管理局行政情報システム企画課（併：内閣官房（内閣官房副長官補付）併：内閣官房情報通信技術（IT）総合戦略室参事官） |
| 平成27年7月 | 総務省統計局統計情報システム課長 |
| 平成28年6月 | 総務省統計局統計調査部消費統計課長 |
| 平成31年2月 | 総務省統計局統計調査部調査企画課長 |
| 令和元年7月 | 総務省統計局統計調査部国勢統計課長 |
| 令和3年7月 | 総務省大臣官房参事官 併任 総務課公文書監理室長 |

**総務省大臣官房参事官 併任 企画課政策室長**

**菊　地　健太郎**（きくち　けんたろう）
茨城県出身.
茨城県立水戸第一高，東京大学法学部

| | |
|---|---|
| 平成 7 年 4 月 | 自治省入省 |
| 平成19年 4 月 | 総務省自治行政局地域振興課過疎対策室課長補佐 |
| 平成20年 7 月 | 総務省自治行政局地域自立応援課過疎対策室課長補佐 |
| 平成21年 4 月 | 大阪府総務部財政課長 |
| 平成23年 4 月 | 総務省自治財政局公営企業課理事官 |
| 平成23年 8 月 | 内閣官房副長官秘書官 |
| 平成26年 7 月 | 茨城県総務部長 |
| 平成29年 4 月 | 茨城県副知事 |
| 平成30年 4 月 | 総務省大臣官房参事官 併任 自治財政局財政課復興特別交付税室長 |
| 平成30年 7 月 | 復興庁統括官付参事官 |
| 令和 2 年 7 月 | 総務省自治行政局選挙部政治資金課支出情報開示室長 併任 選挙課選挙制度調査室長 併任 政治資金課政党助成室長 |
| 令和 3 年 7 月 | 総務省大臣官房参事官 併任 企画課政策室長 |

**総務省大臣官房参事官**

# 大　西　一　禎（おおにし　かずよし）

昭和39年7月19日生．香川県出身．
立教大学法学部

| | |
|---|---|
| 昭和63年4月 | 総務庁入庁 |
| 平成27年4月 | 総務省行政管理局調査官 併任 行政情報システム企画課 |
| 令和2年4月 | 総務省行政管理局行政情報システム企画課情報システム管理室長 |
| 令和3年7月 | 総務省大臣官房参事官 併任 行政管理局管理官 併任 行政情報システム企画課情報システム管理室長 |
| 令和3年9月 | 総務省大臣官房参事官 併任 行政管理局管理官 |

**総務省大臣官房会計課長 併：予算執行調査室長**

# 牛　山　智　弘（うしやま　ともひろ）

昭和44年 9 月 9 日生．長崎県出身．
長崎県立長崎北高校，東京大学経済学部

| | |
|---|---|
| 平成 5 年 4 月 | 郵政省入省 |
| 平成22年 7 月 | 総務省情報流通行政局郵政行政部郵便課国際企画室長 |
| 平成24年 7 月 | （独）情報通信研究機構産業振興部門長 |
| 平成25年 7 月 | 内閣官房副長官補付企画官（TPP政府対策本部） |
| 平成26年 7 月 | 国土交通省道路局路政課道路利用調整室長 |
| 平成28年 6 月 | 総務省情報流通行政局郵政行政部貯金保険課長 |
| 平成30年 7 月 | 総務省国際戦略局国際経済課長 |
| 令和元年 7 月 | 総務省国際戦略局国際政策課長 |
| 令和 2 年 7 月 | 総務省国際戦略局総務課長 |
| 令和 3 年 7 月 | 総務省大臣官房会計課長 併：予算執行調査室長 |

**総務省大臣官房企画課長**

# 伊 藤 正 志 （いとう　まさし）

昭和45年２月12日生．北海道出身．
北海道立札幌北高校，東京大学法学部

| 平成５年４月 | 自治省入省 |
| --- | --- |
| 平成21年７月 | 総務省自治財政局財政課財政企画官 |
| 平成22年４月 | 北九州市企画文化局政策部長 |
| 平成23年４月 | 北九州市総務企画局成長戦略・企画担当理事 |
| 平成24年４月 | 北九州市財政局長 |
| 平成26年４月 | 総務省自治税務局都道府県税課税務管理官 |
| 平成28年４月 | 兼 都道府県税課自動車税制企画室長 |
| 平成28年７月 | 総務省自治行政局地域政策課国際室長 |
| 平成29年４月 | 総務省自治財政局公営企業課準公営企業室長 |
| 平成30年７月 | 総務省自治財政局地方債課長 |
| 令和元年７月 | 総務省自治財政局財務調査課長 |
| 令和３年９月 | 総務省大臣官房企画課長 |

**総務省大臣官房政策評価広報課長 併任 総務課管理室長 併任 政策立案支援室長**

Director, Policy Evaluation and Public Relations Division, Minister's Secretariat

## 小 原 邦 彦 (こはら くにひこ)

昭和42年2月10日生. 岡山県出身.
東京大学法学部

| | |
|---|---|
| 平成3年4月 | 総務庁入庁 |
| 平成24年9月 | 総務省行政評価局評価監視官（厚生労働等担当） |
| 平成26年7月 | 総務省恩給企画管理官（政策統括官付） |
| 平成27年7月 | 総務省公害等調整委員会事務局総務課長 |
| 平成30年4月 | 総務省官民競争入札等監理委員会事務局参事官 |
| 令和3年7月 | 総務省大臣官房政策評価広報課長 併任 総務課管理室長 併任 政策立案支援室長 |

---

**総務省大臣官房広報室長**

Director of the Public Relations Office

## 君 塚 明 宏 (きみつか あきひろ)

昭和50年6月20日生. 千葉県出身.
千葉県立長生高校, 東京大学経済学部

| | |
|---|---|
| 平成12年4月 | 自治省入省 |
| 平成25年4月 | 総務省自治財政局地方債課課長補佐 |
| 平成27年4月 | 総務省自治財政局調整課課長補佐 |
| 平成27年7月 | 総務省自治財政局調整課理事官 |
| 平成29年7月 | 総務省自治財政局財政課財政企画官 |
| 平成30年4月 | 高知県総務部長 |
| 令和2年12月 | 総務省自治行政局公務員部応援派遣室長 |
| 令和3年7月 | 総務省大臣官房広報室長 |

**総務省行政管理局長**
Director-General of Administrative Management Bureau

# 白　岩　　俊（しらいわ　すぐる）

昭和39年2月7日生．神奈川県出身．
東京大学法学部

| | |
|---|---|
| 昭和61年4月 | 総理府入府 |
| 平成15年9月 | 総務省行政管理局企画調整課行政手続室長 |
| 平成17年8月 | 静岡県総務部長 |
| 平成19年4月 | 総務省行政評価局評価監視官（独立行政法人第一担当）（併：内閣官房内閣参事官（内閣官房副長官補付）併：行政改革推進本部事務局局員） |
| 平成21年7月 | 総務省行政評価局行政相談課長　併任年金記録確認中央第三者委員会事務室　首席主任調査員 |
| 平成24年8月 | 総務省統計企画管理官 |
| 平成25年6月 | 総務省行政評価局総務課長　併任年金記録確認中央第三者委員会事務室次長 |
| 平成27年7月 | 総務省関東管区行政評価局長 |
| 平成28年6月 | 内閣官房内閣審議官（内閣官房副長官補付）命 内閣官房行政改革推進本部事務局次長 |
| 平成30年7月 | 総務省大臣官房審議官（行政評価局担当）併任 財務省大臣官房審議官（大臣官房担当） |
| 令和元年7月 | 総務省行政評価局長 |
| 令和3年7月 | 総務省行政管理局長 |

**総務省行政管理局業務改革特別研究官**

# 澤 田 稔 一（さわだ　としかず）

昭和34年3月13日生．高知県出身．
岡山大学理学部

| | |
|---|---|
| 昭和56年4月 | 行政管理庁入庁 |
| 平成22年4月 | 総務省行政管理局行政情報システム企画課情報システム企画官 |
| 平成23年7月 | 総務省行政管理局行政情報システム企画課情報システム管理室長 |
| 平成25年4月 | 総務省大臣官房付 併：内閣官房内閣参事官（内閣官房副長官補付）命 情報通信技術（IT）総合戦略室参事官 |
| 平成26年8月 | 命 内閣官房人事給与業務効率化検討室長 |
| 平成28年6月 | 総務省行政管理局行政情報システム企画課長 併：内閣官房内閣参事官（内閣官房副長官補付）命 内閣官房情報通信技術（IT）総合戦略室参事官 兼命 内閣官房人事給与業務効率化検討室長 |
| 平成29年7月 | 総務省大臣官房サイバーセキュリティ・情報化審議官 |
| 平成30年7月 | 総務省行政管理局電子政府特別研究官 |
| 令和3年9月 | 総務省行政管理局業務改革特別研究官 |

**総務省行政管理局企画調整課長**
Director of the Planning and Coordination Division

# 山 口 真 矢（やまぐち　しんや）

昭和45年 1 月17日生.
東京大学

平成 6 年 4 月　総理府入府　平成14年 5 月　内閣官房行政改革推進事務
局参事官補佐　平成15年 8 月　内閣法制局第一部参事官補　平成18年 7
月　総務省行政管理局副管理官　平成20年 7 月　総務省行政評価局総括
評価監視調査官　平成22年 7 月　総務省大臣官房秘書課長補佐
平成24年 8 月　船橋市副市長
平成26年 7 月　総務省行政管理局企画調整課企画官
平成27年 7 月　総務省大臣官房参事官 併任 行政管理局管理官
平成28年 6 月　総務省行政評価局評価監視官（特命担当）
平成29年 1 月　総務省大臣官房付 併任 内閣官房内閣参事官（内閣官房
　　　　　　　　副長官補付）命 内閣官房特定複合観光施設区域整備推進
　　　　　　　　本部設立準備室参事官
令和元年 7 月　総務省行政管理局企画調整課長
令和 2 年 7 月　総務省大臣官房参事官 併任 総務課公文書監理室長
令和 3 年 1 月　併任 大臣官房総務課管理室長
令和 3 年 7 月　総務省行政管理局企画調整課長

**総務省行政管理局調査法制課長**

**総務省行政管理局管理官（特殊法人総括・独法制度総括、外務）**
Director for Management

# 久 山 淳 爾 （くやま　じゅんじ）

昭和51年1月23日生. 岡山県出身.
大阪大学法学部,
ケンブリッジ大学大学院

| | |
|---|---|
| 平成12年4月 | 大蔵省入省 |
| 平成18年7月 | 金融庁総務企画局企画課課長補佐 |
| 平成19年7月 | 金融庁検査局総務課 兼 総務企画局国際室課長補佐 |
| 平成21年7月 | 財務省国際局調査課課長補佐 |
| 平成22年6月 | 外務省在ベトナム日本国大使館一等書記官 |
| 平成25年7月 | 財務省国際局為替市場課課長補佐 |
| 平成27年7月 | 財務省理財局計画官補佐（内閣・財務係担当） |
| 平成28年6月 | 財務省理財局財政投融資総括課企画調整室長 |
| 平成29年7月 | 財務省理財局総務課政策調整室長 |
| 平成30年7月 | 徳島県保健福祉部長 |
| 令和元年5月 | 徳島県経営戦略部長 |
| 令和2年7月 | 内閣官房内閣参事官（内閣人事局）併任 総務省行政管理局管理官（特殊法人総括・独法制度総括、外務） |

**総務省行政管理局管理官（独法評価総括）**
Director for Management

# 方 　 健 児 （かた　けんじ）

昭和39年10月18日生. 富山県出身. A型
富山県立高岡高等学校, 金沢大学法学部

| | |
|---|---|
| 昭和63年4月 | 総務庁入庁 |
| 平成19年4月 | 総務省行政管理局企画調整課特殊法人等専門官 併任 副管理官 |
| 平成21年4月 | 総務省行政評価局評価監視調査官 |
| 平成23年4月 | 総務省大臣官房会計課課長補佐 併任 予算執行調査室室員 |
| 平成25年4月 | 総務省行政評価局評価手法開発専門官 |
| 平成26年5月 | 総務省行政評価局評価監視調査官 併任 行政管理局副管理官 |
| 平成27年4月 | 総務省行政評価局総務課企画官 併任 行政管理局 |
| 平成28年6月 | 総務省行政管理局調査官 |
| 平成29年7月 | 総務省行政管理局企画官 |
| 令和3年4月 | 総務省大臣官房会計課企画官 併任 庁舎管理室長 併任 予算執行調査室室員 |
| 令和3年7月 | 総務省行政管理局管理官（独法評価総括） |

**総務省行政管理局管理官（内閣・内閣府・個人情報保護委員会・金融・総務・公調委・財務等）**

Director for Management

# 山 村 和 也（やまむら　かずや）

昭和48年3月24日生. 北海道出身.
中央大学法学部

平成7年4月　総理府入府　平成14年8月　総務省総合通信局電波部移動通信課長補佐　平成15年9月　総務省大臣官房秘書課秘書専門官（大臣政務官付）　平成17年11月　総務省統計局調査部国勢統計課課長補佐　併任 内閣府本府統計制度改革検討室（～18年7月）併任 総務省政策統括官付統計企画管理官付　平成20年4月　総務省人事・恩給局総務課課長補佐　平成21年7月　併任 内閣官房副長官補付 命 内閣官房行政改革推進室室員 併任 国家公務員制度改革推進本部事務局局員　平成23年9月　総務大臣秘書官事務取扱 併任 川端国務大臣秘書官事務取扱　平成24年10月　総務省人事・恩給局公務員高齢対策課課企画官　平成25年6月　総務省人事・恩給局総務課企画官　平成26年5月　内閣官房内閣人事局企画官　平成27年8月　総務省大臣官房付 併任 内閣官房副長官補付企画官 命 内閣官房行政改革推進本部事務局企画官　平成28年4月　併任 内閣官房内閣参事官（内閣官房副長官補付）命 内閣官房行政改革推進本部事務局参事官　平成29年7月　内閣官房内閣参事官（内閣人事局）　令和2年7月　内閣官房内閣参事官（内閣人事局）併任 総務省行政管理局管理官（内閣・内閣府・個人情報保護委員会・金融・総務・公調委・財務等）

**総務省行政管理局管理官（法務・経済産業・環境・国公委・消費者庁等）**

Director for Management

# 鳥 海 貴 之（とりうみ　たかゆき）

昭和46年8月8日生. 埼玉県出身.
東京大学法学部

| | |
|---|---|
| 平成6年4月 | 農林水産省入省 |
| 平成22年9月 | 農林水産省大臣官房政策課調査官 |
| 平成23年9月 | 農林水産省大臣官房政策課上席企画官 |
| 平成24年6月 | 農林水産省大臣官房政策課調査官 兼 農林水産大臣秘書官事務取扱 |
| 平成24年12月 | 農林水産省生産局総務課国際室長 |
| 平成26年4月 | 北海道農政部生産振興局長 |
| 平成27年4月 | 北海道農政部農業経営局長 |
| 平成29年7月 | 農林水産省政策統括官付地域作物課長 |
| 平成30年7月 | 林野庁国有林野部管理課長 |
| 令和2年8月 | 内閣官房内閣参事官（内閣人事局）併任 総務省行政管理局管理官（法務・経済産業・環境・国公委・消費者庁等） |

**総務省行政管理局管理官（文科・農水・防衛・公取委等）**
Director for Management

# 平 沢 克 俊 （ひらさわ　かつとし）

昭和49年生．長野県出身．
東京大学

| | |
|---|---|
| 平成10年 4 月 | 自治省入省 |
| 平成26年 4 月 | 総務省自治行政局地域自立応援課理事官 併任 地域政策課地域の元気創造推進室 併任 地域自立応援課人材力活性化・連携交流室理事官 |
| 平成28年 4 月 | 静岡市財政局長 |
| 平成31年 4 月 | 総務省大臣官房企画官 併任 大臣官房参事官 併任 自治財政局財政課復興特別交付税室長 |
| 令和 2 年 4 月 | 総務省情報公開・個人情報保護審査会事務局審査官 |
| 令和 3 年 7 月 | 総務省行政管理局管理官（文科・農水・防衛・公取委等）併任 内閣官房内閣参事官（内閣人事局） |

---

**総務省行政管理局管理官（国土交通・復興・カジノ管理委員会等）**
Director for Management

# 小 野 雄 大 （おの　たけひろ）

| | |
|---|---|
| 平成27年10月 | 厚生労働省大臣官房総務課企画官（医薬・生活衛生局総務課医薬品副作用被害対策室長併任） |
| 平成28年 4 月 | 宮内庁侍従 |
| 平成31年 4 月 | 厚生労働省健康局健康課受動喫煙対策推進官（総務課原子爆弾被害者援護対策室長 併任） |
| 令和 2 年 8 月 | 内閣官房内閣参事官（内閣人事局）併任 総務省行政管理局管理官（国土交通・復興・カジノ管理委員会等） |

**総務省行政管理局管理官（厚生労働・宮内等）**
Director for Management

# 山 本 宏 樹（やまもと　ひろき）

令和元年9月　総務省大臣官房参事官 併任 行政管理局管理官 併任 行政
　　　　　　　管理局企画調整課
令和2年7月　総務省行政管理局管理官（独法評価総括）
令和3年7月　総務省行政管理局管理官（厚生労働・宮内等）併任 内閣
　　　　　　　官房内閣参事官（内閣人事局）

## 国税と地方税の状況（令和元年度）

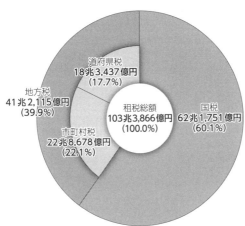

（注）東京都が徴収した市町村税相当額は、市町村税に含み、道府県税に含まない。

「令和3年版地方財政白書」より

**総務省行政評価局長**

# 清 水 正 博（しみず　まさひろ）

昭和39年5月31日生．福岡県出身．
早稲田大学政治経済学部政治学科

| | |
|---|---|
| 昭和63年4月 | 総理府入府 |
| 平成7年8月 | 内閣官房副長官付秘書官 |
| 平成9年8月 | 総理府大臣官房広報室企画・連絡第1担当参事官補 |
| 平成11年9月 | 総務庁行政監察局企画調整課課長補佐 |
| 平成13年4月 | 総務省行政評価局総括評価監視調査官 |
| 平成14年7月 | 総務省大臣官房総務課課長補佐 |
| 平成16年4月 | 総務省行政評価局総務課企画官 |
| 平成17年10月 | 総務省大臣官房付 命 大臣秘書官事務取扱 |
| 平成18年10月 | 総務省行政評価局評価監視官（独立行政法人第二、特殊法人等担当） |
| 平成20年7月 | 総務省人事・恩給局参事官（任用・交流担当）（併：内閣官房内閣参事官（内閣官房副長官補付）命 内閣官房行政改革推進室参事官 |
| 平成22年1月 | 内閣府公益認定等委員会事務局総務課長 併任 内閣府大臣官房公益法人行政担当室参事官 併任 内閣府本府行政刷新会議事務局 |
| 平成24年9月 | 総務省行政評価局政策評価官 |
| 平成26年5月 | 総務省行政評価局政策評価課長 |
| 平成26年7月 | 総務省大臣官房参事官（総務課担当） |
| 平成27年7月 | 総務省行政評価局評価監視官（財務、経済産業等担当） |
| 平成28年6月 | 総務省行政評価局総務課長 |
| 平成29年7月 | 内閣府官民人材交流センター審議官 併任 内閣官房内閣審議官（内閣人事局） |
| 平成31年4月 | 内閣官房内閣審議官（内閣人事局） |
| 令和元年7月 | 総務省近畿管区行政評価局長 |
| 令和2年8月 | 内閣府公益認定等委員会事務局長 併任 内閣府大臣官房公益法人行政担当室長 |
| 令和3年7月 | 総務省行政評価局長 |

**総務省大臣官房審議官（行政評価局担当）**

武 藤 真 郷（むとう　まさと）

昭和41年 7 月11日生．熊本県出身．
熊本県立熊本高校，東京大学法学部

平成 3 年 4 月　総理府入府
平成18年 7 月　総務省人事・恩給局企画官
平成20年 8 月　総務省行政評価局総務課企画官
平成20年 9 月　総務省行政管理局企画調整課企画官
平成21年 8 月　総務省行政管理局企画調整課行政手続・制度調査室長
平成22年 2 月　内閣府特命担当大臣（行政刷新）秘書官
平成23年 6 月　内閣総理大臣補佐官付
平成23年 9 月　内閣府特命担当大臣（行政刷新）秘書官
平成24年 1 月　総務省行政評価局評価監視官（独立行政法人第一）（併）
　　　　　　　行政管理局（内閣・内閣府・総務・財務・金融等）
平成24年 9 月　総務省行政管理局管理官（内閣・内閣府・総務・財務・
　　　　　　　金融等）
平成25年 3 月　（併）内閣府規制改革推進室参事官
平成25年 6 月　総務省行政管理局管理官（内閣・内閣府・総務・財務・
　　　　　　　金融等）
平成26年 5 月　内閣官房内閣参事官（内閣人事局）
平成26年 7 月　内閣官房内閣参事官（内閣総務官室）命 内閣官房皇室典
　　　　　　　範改正準備室参事官 併任 内閣官房内閣人事局（幹部人
　　　　　　　事一元管理総括）
平成28年 6 月　総務省行政評価局政策評価課長
平成29年 1 月　併任 行政評価局評価監視官
平成29年 7 月　内閣官房内閣参事官（内閣人事局）
平成30年 7 月　総務省行政管理局企画調整課長 併任 内閣府本府地方分
　　　　　　　権改革推進室参事官
令和元年 7 月　総務省大臣官房秘書課長 命 人事管理官
令和 3 年 7 月　総務省大臣官房審議官（行政評価局担当）

**総務省大臣官房審議官（行政評価局担当）併任 財務省大臣官房審議官（大臣官房担当）**

# 平 池 栄 一（ひらいけ　えいいち）

昭和41年12月 2 日生．鳥取県出身．
鳥取県立米子東高校，東京大学法学部

平成 3 年 4 月　総務庁入庁
平成19年 7 月　総務省人事・恩給局総務課企画官
平成20年 8 月　内閣官房茂木国務大臣秘書官事務取扱
平成20年 9 月　内閣官房甘利国務大臣秘書官事務取扱
平成21年 9 月　総務省人事・恩給局総務課企画官
平成22年 1 月　総務省行政評価局評価監視官（独立行政法人第二、特殊
　　　　　　　　法人等担当）
平成23年 7 月　総務省行政管理局管理官（内閣・内閣府・総務・財務・
　　　　　　　　金融等）
平成24年 1 月　内閣官房行政改革実行本部事務局参事官
平成25年 6 月　総務省行政管理局管理官（外務・防衛・農林水産等）
平成26年 5 月　内閣官房内閣参事官（内閣人事局）（併）総務省行政管理
　　　　　　　　局管理官（内閣・内閣府・総務・財務・金融等）
平成27年 8 月　併任解除
平成29年 7 月　内閣官房内閣参事官（内閣人事局）併任 内閣府本府地方
　　　　　　　　分権改革推進室参事官
令和 2 年 7 月　総務省統計研究研修所長
令和 3 年 7 月　総務省大臣官房審議官（行政評価局担当）併任 財務省大
　　　　　　　　臣官房審議官（大臣官房担当）

**総務省行政評価局総務課長**

# 原　嶋　清　次 <small>（はらしま　きよつぐ）</small>

昭和44年1月1日生．東京都出身．
早稲田大学教育学部

| | |
|---|---|
| 平成5年4月 | 総務庁入庁 |
| 平成18年7月 | 内閣法制局第一部参事官補 |
| 平成21年7月 | 行政改革推進本部事務局企画官 |
| 平成23年4月 | 内閣官房被災地復興に関する法案等準備室企画官 |
| 平成23年7月 | 総務省行政評価局調査官 |
| 平成24年9月 | 総務省行政評価局総務課企画官 |
| 平成25年6月 | 総務省大臣官房企画課企画官 兼 情報システム室長 |
| 平成26年4月 | 公害等調整委員会事務局審査官 |
| 平成28年6月 | 総務省行政評価局評価監視官（財務、文部科学等担当） |
| 平成29年7月 | 総務省行政評価局行政相談課長 |
| 平成29年10月 | 総務省行政評価局行政相談企画課長 |
| 令和元年7月 | 総務省大臣官房参事官 併任 総務課公文書監理室長 併任 公害等調整委員会事務局 併任 消防庁長官付 |
| 令和2年7月 | 総務省行政評価局企画課長 |
| 令和3年7月 | 総務省行政評価局総務課長 |

---

**総務省行政評価局企画課長**

# 西　澤　能　之 <small>（にしざわ　たかゆき）</small>

昭和47年9月16日生．福井県出身．
京都大学法学部

| | |
|---|---|
| 平成8年4月 | 総理府入府 |
| 平成15年4月 | 鳥取市企画推進部長 |
| 平成18年4月 | 総務省人事・恩給局参事官補佐 |
| 平成19年7月 | 併任 内閣官房副長官補付 命 内閣官房行政改革推進室室員 併任 行政改革推進本部事務局局員 |
| 平成20年4月 | 総務省行政管理局副管理官 |
| 平成25年6月 | 総務省人事・恩給局企画官 併任 大臣官房秘書課長補佐 併任 大臣官房秘書課人事専門官 |
| 平成26年9月 | 総務大臣秘書官事務取扱 |
| 平成29年8月 | 内閣官房内閣人事局企画官 |
| 令和30年7月 | 内閣官房内閣参事官（内閣人事局） |
| 令和2年7月 | 総務省行政管理局管理官（政府情報システム基盤、行政情報システム総括）併任 行政管理局行政情報システム企画課 併任 内閣官房副長官補付 命 内閣官房情報通信技術（IT）総合戦略室参事官 |
| 令和3年7月 | 総務省行政評価局企画課長 |

**総務省行政評価局政策評価課長**

# 辻　　寛　起 （つじ　ひろおき）

昭和47年8月7日生. 奈良県出身.
東大寺学園, 東京大学法学部

| | |
|---|---|
| 平成9年4月 | 総務庁入庁 |
| 平成19年4月 | 内閣府地方分権改革推進委員会事務局参事官補佐 |
| 平成21年7月 | 財務省主計局調査課長補佐 |
| 平成22年7月 | 財務省主計局主計官補佐（経済協力第二係） |
| 平成23年7月 | 総務省行政管理局副管理官 |
| 平成25年6月 | 総務省行政管理局企画官 |
| 平成26年5月 | 内閣官房内閣人事局企画官 |
| 平成27年7月 | 総務省行政管理局企画調整課企画官 |
| 平成28年8月 | 内閣官房内閣人事局企画官 |
| 平成29年8月 | 総務大臣秘書官事務取扱 |
| 平成30年10月 | 総務省行政管理局企画調整課企画官 |
| 平成31年1月 | 総務省行政管理局管理官（独法評価総括） |
| 令和2年7月 | 総務省行政評価局政策評価課長 |

---

**総務省行政評価局行政相談企画課長**

# 大　槻　大　輔 （おおつき　だいすけ）

昭和44年10月27日生生. 京都府出身.
東京大学文学部

| | |
|---|---|
| 平成5年4月 | 総務庁入庁 |
| 平成18年1月 | 総務省行政評価局総括評価監視調査官 |
| 平成20年7月 | 千葉県山武市副市長 |
| 平成22年7月 | 総務省行政管理局企画調整課行政手続・制度調査室長 |
| 平成24年9月 | 総務省自治行政局地域自立応援課人材力活性化・連携交流室長 |
| 平成26年7月 | 総務省行政管理局管理官（行政通則法） |
| 平成28年6月 | 内閣府参事官（市場システム担当）（政策統括官（経済社会システム担当）付）併任 内閣府本府規制改革推進室参事官 |
| 平成29年7月 | 総務省行政評価局政策評価課長 |
| 平成30年7月 | 総務省行政評価局評価監視官（内閣、総務等担当） |
| 令和元年8月 | 総務省公害等調整委員会事務局総務課長 命公害等調整委員会事務局人事管理官 |
| 令和2年7月 | 総務省行政評価局行政相談企画課長 |

**総務省行政評価局評価監視官（内閣、総務等担当）**
Director for Evaluation and Inspection

## 渡 邉 洋 平 （わたなべ　ようへい）

昭和51年 6 月 3 日生．長野県出身．
東京大学法学部

| | |
|---|---|
| 平成12年 4 月 | 総務庁入庁 |
| 平成29年 7 月 | 内閣官房内閣人事局企画官 |
| 令和元年 5 月 | 総務省行政管理局企画調整課企画官 |
| 令和元年 9 月 | 総務大臣秘書官事務取扱 |
| 令和 2 年 9 月 | 総務省行政管理局企画調整課企画官 |
| 令和 3 年 8 月 | 総務省行政評価局評価監視官（内閣、総務等担当） |

---

**総務省行政評価局評価監視官（法務、外務、経済産業等担当）**
Director for Evaluation and Inspection

## 野 竹 司 郎 （のたけ　しろう）

昭和45年 7 月 9 日生．千葉県出身．
早稲田大学教育学部

| | |
|---|---|
| 平成 6 年 4 月 | 総理府・総務庁採用 |
| 平成25年 6 月 | 総務省行政評価局調査官（客観性担保評価担当） |
| 平成26年 7 月 | 総務省自治行政局地域自立応援課人材力活性化・連携交流室長 |
| 平成28年 4 月 | 総務省行政不服審査会事務局審査官 |
| 平成30年 7 月 | 厚生労働省社会・援護局援護・業務課長 |
| 令和 2 年 7 月 | 総務省行政評価局評価監視官（法務、外務、経済産業等担当） |

---

**総務省行政評価局評価監視官（財務、文部科学等担当）**
Director for Evaluation and Inspection

## 髙 角 健 志（たかつの　たけし）

昭和46年1月6日生．福岡県出身．
東京大学法学部

| | |
|---|---|
| 平成6年4月 | 総務庁入省 |
| 平成21年7月 | 総務省行政管理局行政情報システム企画課情報システム企画官 |
| 平成22年1月 | 総務省人事・恩給局企画官 |
| 平成23年7月 | 内閣府公益認定等委員会事務局審査監督官（兼）公益法人行政担当室企画官 |
| 平成25年6月 | 内閣府公益認定等委員会事務局企画官 |
| 平成26年7月 | 内閣府地方分権改革推進室参事官 |
| 平成28年6月 | 経済産業省産業技術環境局リサイクル推進課長 |
| 平成30年7月 | 総務省行政評価局評価監視官（連携調査、環境等担当） |
| 令和元年7月 | 内閣官房内閣参事官（内閣官房副長官補付）命 内閣官房行政改革推進本部事務局参事官 命 内閣官房統計改革推進室参事官 |
| 令和3年7月 | 総務省行政評価局評価監視官（財務、文部科学等担当） |

---

**総務省行政評価局評価監視官（農林水産、防衛担当）**
Director for Evaluation and Inspection

## 岡 本 成 男（おかもと　しげお）

昭和46年10月2日生．広島県出身．
早稲田大学政治経済学部

| | |
|---|---|
| 平成7年4月 | 郵政省入省 |
| 平成23年9月 | 総務省九州総合通信局放送部長 |
| 平成24年8月 | 総務省情報流通行政局放送政策課企画官 |
| 平成26年7月 | 独立行政法人情報通信研究機構欧州連携センター長 |
| 平成29年7月 | 総務省情報通信国際戦略局情報通信政策課調査官 |
| 平成30年7月 | 総務省情報流通行政局情報通信作品振興課放送コンテンツ海外流通推進室長 |
| 令和元年7月 | 内閣官房内閣参事官（内閣広報室）併任 内閣官房副長官補付 |
| 令和2年7月 | 総務省行政評価局評価監視官（農林水産、防衛担当） |

**総務省行政評価局評価監視官（厚生労働等担当）**
Director for Evaluation and Inspection

# 安 仲 陽 一（やすなか　よういち）

昭和40年12月6日生．大分県出身．
九州大学法学部

行政評価局

| | |
|---|---|
| 平成元年4月 | 総務庁入庁（九州管区行政監察局） |
| 平成21年7月 | 総務省行政評価局評価監視調査官 |
| 平成23年7月 | 総務省行政評価局総務課課長補佐 |
| 平成24年7月 | 総務省行政管理局副管理官 |
| 平成26年7月 | 総務省行政評価局評価監視調査官 |
| 平成27年4月 | 総務省行政評価局総括評価監視調査官 |
| 平成28年4月 | 総務省行政評価局調査官 兼 総括評価監視調査官 |
| 平成30年7月 | 総務省行政評価局総務課企画官 |
| 令和2年4月 | 総務省行政評価局評価監視官（厚生労働等担当）（復興、国土交通担当） |
| 令和2年7月 | 評価監視官（復興、国土交通担当）の併任解除 |

---

**総務省行政評価局評価監視官（復興、国土交通担当）**
Director for Evaluation and Inspection

# 黒 田 忠 司（くろだ　ただし）

昭和46年11月15日生．三重県出身．
京都大学法学部

| | |
|---|---|
| 平成7年4月 | 総務庁入庁 |
| 平成26年7月 | 船橋市副市長 |
| 平成28年7月 | 総務省行政管理局管理官（独法評価総括） |
| 平成29年7月 | 総務省行政管理局管理官（政府情報システム基盤、行政情報システム総括）併任 行政管理局行政情報システム企画課 |
| 令和元年8月 | 併任 内閣官房副長官補付 命 内閣官房情報通信技術（IT）総合戦略推進室参事官 |
| 令和2年7月 | 総務省行政評価局評価監視官（復興、国土交通担当） |

**総務省行政評価局評価監視官（連携調査、環境等担当）**
Director for Evaluation and Inspection

渡　邉　浩　之（わたなべ　ひろゆき）

昭和47年7月24日生．福島県出身．
東京大学法学部

| | |
|---|---|
| 平成7年4月 | 総務庁入庁 |
| 平成24年9月 | 総務省行政管理局行政情報システム企画課個人情報保護室長 |
| 平成26年8月 | 総務省行政評価局政策評価課企画官 |
| 平成27年4月 | 総務省行政評価局企画課企画官 |
| 平成27年7月 | 内閣府本府規制改革推進室参事官 |
| 平成29年7月 | 復興庁統括官付参事官 |
| 平成31年4月 | 総務省行政不服審査会事務局総務課長 |
| 令和3年8月 | 総務省行政評価局評価監視官（連携調査、環境等担当） |

---

**総務省行政評価局行政相談管理官**

渡　邉　　靖（わたなべ　やすし）

昭和37年6月8日生．茨城県出身．
早稲田大学社会科学部

| | |
|---|---|
| 昭和62年4月 | 総務庁入庁（関東管区行政監察局） |
| 平成20年4月 | 総務省行政評価局総務課課長補佐 |
| 平成21年7月 | 総務省行政評価局評価監視調査官 併任 年金記録確認中央第三者委員会事務室調査員 |
| 平成22年4月 | 総務省大臣官房秘書課長補佐 |
| 平成24年4月 | 総務省行政評価局評価監視調査官 |
| 平成26年4月 | 総務省行政評価局総括評価監視調査官 |
| 平成27年4月 | 総務省行政評価局企画課企画官 |
| 平成29年4月 | 総務省行政評価局調査官 |
| 平成30年4月 | 総務省行政評価局総務課地方業務室長 |
| 平成31年4月 | 総務省東北管区行政評価局評価監視部長 |
| 令和3年4月 | 総務省行政評価局行政相談管理官 |

**総務省自治行政局長**
Director-General of the Local Administration Bureau

# 吉 川 浩 民 （よしかわ　ひろみ）

昭和39年 8 月15日生．新潟県出身．
新潟県立柏崎高校，東京大学法学部

| | |
|---|---|
| 昭和63年 4 月 | 自治省入省（税務局市町村税課 兼 大臣官房総務課） |
| 平成 5 年 4 月 | 石川県総務部税務課長 |
| 平成 6 年 4 月 | 石川県総務部地方課長 |
| 平成 7 年 4 月 | 石川県総務部財政課長 |
| 平成 9 年 4 月 | 総務庁人事局参事官補佐 |
| 平成10年10月 | 秋田県矢島町助役 |
| 平成12年10月 | 自治大学校教授 |
| 平成13年 1 月 | 総務省大臣官房総務課課長補佐 |
| 平成14年 7 月 | 総務省自治行政局行政課課長補佐 |
| 平成15年 4 月 | 総務省自治行政局行政課理事官 |
| 平成17年 4 月 | 総務省自治行政局行政課行政企画官 |
| 平成17年 8 月 | 佐賀県経営支援本部長 |
| 平成18年 4 月 | 佐賀県農林水産商工本部長 |
| 平成19年 4 月 | 佐賀県統括本部長 |
| 平成20年 7 月 | 総務省自治行政局合併推進課行政体制整備室長 |
| 平成22年 4 月 | 総務省自治行政局市町村体制整備課行政経営支援室長 |
| 平成22年 7 月 | 内閣府本府地域主権戦略室参事官 |
| 平成24年10月 | 群馬県副知事 |
| 平成27年 7 月 | 総務省自治行政局公務員部福利課長 |
| 平成28年 6 月 | 総務省自治財政局地方債課長 |
| 平成29年 7 月 | 総務省自治行政局行政課長 |
| 平成30年 7 月 | 総務省大臣官房審議官（地方行政・個人番号制度、地方公務員制度、選挙担当） |
| 令和元年 7 月 | 地方公共団体金融機構理事 |
| 令和 3 年 7 月 | 総務省自治行政局長 |

自治行政局

総務省新型コロナ対策地方連携総括官

# 大 村 慎 一 （おおむら　しんいち）

昭和38年 8 月生．静岡県出身．
静岡県立静岡高校，東京大学経済学部

| | |
|---|---|
| 昭和62年 4 月 | 自治省入省（税務局企画課） |
| 昭和62年 7 月 | 鳥取県地方課 |
| 平成元年 4 月 | 自治大学校研究部 |
| 平成 2 年 6 月 | 自治省財政局地方債課 |
| 平成 4 年 4 月 | 札幌市調整課長 |
| 平成 6 年 4 月 | 岐阜県企画調整課長、財政課長 |
| 平成10年 4 月 | 自治省税務局府県税課課長補佐 |
| 平成10年 7 月 | 内閣官房副長官秘書官 |
| 平成12年 7 月 | 自治省財政局財政課課長補佐 |
| 平成13年 1 月 | 総務省自治財政局財政課課長補佐 |
| 平成13年 4 月 | 総務省自治財政局調整課課長補佐 |
| 平成14年 1 月 | 総務省自治財政局調整課理事官 |
| 平成14年 4 月 | 北九州市財政局長 |
| 平成17年 4 月 | 総務省大臣官房企画課企画官 |
| 平成18年 7 月 | 総務省大臣官房広報室長 |
| 平成20年 7 月 | 総務省自治税務局都道府県税課税務管理官 |
| 平成21年 4 月 | 静岡県総務部長 |
| 平成22年 1 月 | 静岡県副知事 |
| 平成24年 1 月 | 総務省大臣官房付 兼 内閣府地域主権戦略室参事官 |
| 平成24年 9 月 | 内閣官房副長官補付内閣参事官 |
| 平成25年10月 | 兼 内閣官房2020年オリンピック・パラリンピック東京大会推進室参事官 |
| 平成26年 7 月 | 総務省自治財政局公営企業課長 |
| 平成27年 7 月 | 総務省大臣官房参事官（秘書課担当） |
| 平成29年 7 月 | 内閣官房内閣審議官 兼 内閣府地方分権改革推進室次長 |
| 平成30年 7 月 | 総務省消防庁国民保護・防災部長 |
| 平成30年11月 | 総務省自治行政局公務員部長 |
| 令和 2 年 7 月 | 総務省大臣官房地域力創造審議官 |
| 令和 3 年 7 月 | 総務省新型コロナ対策地方連携総括官 兼 内閣官房孤独・孤立対策担当室長代行 |

**総務省大臣官房審議官（地方行政・個人番号制度、地方公務員制度、選挙担当）**
Deputy Director-General of Minister's
Secretariat

# 阿　部　知　明 （あべ　ともあき）

昭和43年1月17日生．大阪府出身．
京都大学法学部

| | |
|---|---|
| 平成2年4月 | 自治省大臣官房企画室 |
| 平成2年7月 | 鳥取県地方課 |
| 平成4年4月 | 国土庁計画・調整局総務課 |
| 平成5年4月 | 自治省税務局市町村税課 |
| 平成7年1月 | 自治省大臣官房総務課主査 兼 自治大学校 |
| 平成7年6月 | 外務省在ジョルダン日本国大使館二等書記官 |
| 平成10年4月 | 公宮企業金融公庫総務部調査役 |
| 平成11年4月 | 福岡県国際経済観光課長 |
| 平成14年4月 | 福岡県消防防災課長 |
| 平成15年4月 | 総務省自治行政局過疎対策室課長補佐 併任 地域情報政策室課長補佐 |
| 平成15年10月 | 総務省自治行政局国際室課長補佐 併任 自治政策課課長補佐 |
| 平成16年7月 | 総務省自治行政局合併推進課課長補佐 |
| 平成17年4月 | 総務省自治行政局市町村課理事官 併任 合併推進課理事官 |
| 平成18年5月 | 総務省自治行政局公務員部公務員課理事官 |
| 平成19年7月 | 札幌市財政局長 |
| 平成22年8月 | 総務省自治行政局行政経営支援室長 |
| 平成23年4月 | 総務省自治行政局外国人住民基本台帳室長 |
| 平成23年8月 | 内閣官房社会保障改革担当室参事官 |
| 平成25年6月 | 併任 内閣府大臣官房番号制度担当室参事官 |
| 平成26年1月 | 併任 特定個人情報保護委員会事務局（28.1 より個人情報保護委員会） |
| 平成28年7月 | 総務省自治行政局住民制度課長 |
| 令和元年7月 | 総務省自治行政局行政課長 |
| 令和2年7月 | 総務省大臣官房審議官（地方行政・個人番号制度、地方公務員制度、選挙担当） |

自治行政局

**総務省自治行政局行政課長**
Director of the Local Administration Division

## 三　橋　一　彦（みはし　かずひこ）

昭和44年 4 月14日生．鳥取県出身．
東京大学法学部

平成 4 年 4 月　自治省入省　平成15年 4 月　総務省自治行政局合併推進課行政体制整備室課長補佐 兼 合併推進課課長補佐　平成16年 7 月　総務省自治行政局公務員部公務員課給与能率推進室課長補佐 兼 公務員部公務員課補佐　平成18年 8 月　総務省自治財政局財務調査課長補佐　平成19年 4 月　総務省自治財政局財務調査課理事官　平成20年 4 月　鹿児島県総務部次長 兼 財政課　平成21年 4 月　鹿児島県総務部次長　平成22年 4 月　鹿児島県総務部長　平成23年 7 月　内閣府地域主権戦略室企画官 兼 参事官事務代理 兼 地域自主戦略交付金業務室企画官　平成25年 2 月　総務省自治行政局公務員部公務員課給与能率推進室長　平成27年 7 月　内閣官房内閣参事官（内閣官房副長官補付）命 内閣官房社会保障改革担当室参事官 併任 内閣府大臣官房番号制度担当室参事官　平成29年 1 月　内閣官房内閣参事官（内閣官房副長官補付）命 内閣官房番号制度推進室参事官 併任 内閣府大臣官房番号制度担当室参事官
令和元年 7 月　総務省自治行政局住民制度課長
令和 3 年 7 月　総務省自治行政局行政課長

---

**総務省自治行政局住民制度課長**

## 長谷川　　孝（はせがわ　たかし）

昭和47年 1 月19日生．熊本県出身．
私立市川高等学校，東京大学法学部

| | |
|---|---|
| 平成 6 年 4 月 | 自治省入省 |
| 平成18年 4 月 | 総務省消防庁予防課長補佐 |
| 平成19年 8 月 | 総務省自治行政局選挙部管理課訟務専門官（兼）課長補佐 |
| 平成21年 4 月 | 総務省自治行政局選挙部管理課理事官 |
| 平成21年 9 月 | 総務省自治行政局選挙部選挙課理事官 |
| 平成23年 5 月 | 総務省自治行政局選挙部選挙課企画官 |
| 平成24年 4 月 | 横浜市政策局政策部担当部長 |
| 平成25年 4 月 | 横浜市政策局担当理事（兼）政策部担当部長 |
| 平成27年 4 月 | 横浜市政策局政策調整担当理事 |
| 平成28年 7 月 | 内閣官房内閣参事官（内閣官房副長官補付）命 内閣官房番号制度推進室参事官 併任 内閣府大臣官房番号制度担当室参事官 ） |
| 平成30年 4 月 | 総務省大臣官房参事官 命 個人番号企画室長事務取扱 |
| 令和元年 7 月 | 総務省大臣官房参事官 併任 企画課政策室長 |
| 令和 3 年 7 月 | 総務省自治行政局住民制度課長 |

**総務省自治行政局市町村課長**

# 植　田　昌　也 (うえだ　まさや)

昭和47年10月12日生．大阪府出身．
東京大学法学部

| | |
|---|---|
| 平成 7 年 4 月 | 自治省入省 |
| 平成18年 4 月 | 総務省大臣官房秘書課課長補佐 併任　自治財政局財務調査課課長補佐 |
| 平成19年 7 月 | 外務省在ニューヨーク日本国総領事館領事 |
| 平成22年 8 月 | 総務省自治行政局住民制度課理事官 |
| 平成23年 4 月 | 総務省自治行政局行政課理事官 |
| 平成24年11月 | 総務省自治行政局行政課行政企画官 |
| 平成25年 7 月 | 愛知県地域振興部企画調整監 |
| 平成26年 4 月 | 愛知県地域振興部長 |
| 平成27年 4 月 | 愛知県振興部長 |
| 平成29年 7 月 | 総務省自治行政局行政経営支援室長 |
| 平成30年 7 月 | 併任 自治行政局行政課2040戦略室長 |
| 令和 2 年 7 月 | 総務省自治行政局市町村課長 |

自治行政局

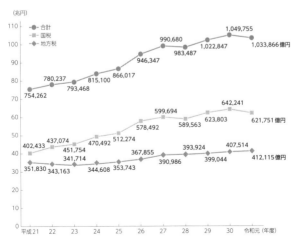

国税と地方税の推移

「令和 3 年版地方財政白書」より

**総務省大臣官房地域力創造審議官**
Director‐General for Regional Vitalization

# 馬　場　竹次郎（ばば　たけじろう）

昭和40年4月26日生．佐賀県出身．
東京大学法学部

| | |
|---|---|
| 昭和63年4月 | 自治省入省 |
| 昭和63年7月 | 北海道市町村課、財政課 |
| 平成2年4月 | 消防庁救急救助課 |
| 平成3年4月 | 自治省行政局行政課 |
| 平成5年4月 | 岩手県労政能力開発課長、企画調整課長、地方振興課長 |
| 平成9年4月 | 労働省職業能力開発局能力開発課長補佐 |
| 平成11年4月 | 自治省行政局公務員部給与課課長補佐 |
| 平成13年4月 | 総務省自治財政局財政課課長補佐 |
| 平成14年4月 | 埼玉県労働商工部次長、改革政策局長、労働商工部長、総務部長 |
| 平成19年6月 | 全国知事会事務局部長（地方分権改革推進事務局部長　併任） |
| 平成21年4月 | 四日市市副市長 |
| 平成23年4月 | 内閣府参事官（企画担当）（政策統括官（沖縄政策担当）付） |
| 平成25年4月 | 総務省自治行政局地域自立応援課長 |
| 平成26年4月 | 栃木県副知事 |
| 平成28年6月 | 総務省大臣官房総務課長 |
| 平成29年7月 | 内閣府大臣官房審議官（沖縄政策及び沖縄科学技術大学院大学企画推進担当）併任　内閣府沖縄振興局沖縄科学技術大学院大学企画推進室長 |
| 令和元年7月 | 地方公務員共済組合連合会理事 |
| 令和2年7月 | 総務省大臣官房審議官（財政制度・財務担当） |
| 令和3年7月 | 総務省大臣官房地域力創造審議官 |

**総務省自治行政局地域政策課長**

# 杉 田 憲 英 (すぎた　のりひで)

昭和44年 5 月31日生．広島県出身．
東京大学法学部

| | | | |
|---|---|---|---|
| 平成 5 年 4 月 | 自治省入省 | 平成10年 4 月 | 福島県三春町企画文書課長 |
| 平成12年 4 月 | 新潟県福祉保健部高齢福祉保健課長 | 平成14年 4 月 | 新潟県総務部財政課長　平成16年 4 月　総務省消防庁予防課長補佐 |

平成18年 4 月　　総務省自治財政局財政課長補佐
平成19年 4 月　　奈良県平城遷都1300年記念事業推進局次長
平成20年 4 月　　奈良県商工労働部長
平成21年 4 月　　奈良県福祉部長
平成22年 4 月　　奈良県健康福祉部長
平成23年 7 月　　奈良県総務部長
平成24年 4 月　　奈良県副知事
平成25年 4 月　　総務部消防庁国民保護・防災部防災課広域応援室長
平成27年 4 月　　全国市町村職員共済組合連合会事務局長
平成29年 7 月　　内閣官房内閣参事官（内閣人事局）
平成21年 4 月　　地方公共団体金融機構支援部長
令和 3 年 7 月　　総務省大臣官房参事官 併任 自治行政局地域自立応援課
　　　　　　　　　地域振興室長
令和 3 年 8 月　　総務省自治行政局地域政策課長

**総務省自治行政局地域自立応援課長**

# 彌 栄 定 美 (みえ　さだみ)

昭和37年12月25日生．埼玉県出身．
法政大学法学部

昭和56年 4 月　　自治省入省
平成26年 9 月　　総務省自治行政局公務員部公務員課定員給与調査官
平成27年 7 月　　総務省大臣官房秘書課調査官
平成30年 4 月　　総務省自治行政局選挙部政治資金課収支公開室長
令和元年 8 月　　総務省自治財政局財務調査官
令和 3 年 4 月　　総務省自治行政局地域自立応援課長

**総務省自治行政局参事官**
Counsellor of the International Affairs Office

# 上 坊 勝 則 (かみぼう　かつのり)

昭和47年11月19日生．奈良県出身．
奈良県立畝傍高校，東京大学法学部

| | |
|---|---|
| 平成 7 年 4 月 | 自治省入省 |
| 平成17年 7 月 | 和歌山県総務部総務管理局市町村課長 |
| 平成19年 8 月 | 総務省自治税務局市町村税課住民税企画専門官 |
| 平成20年 7 月 | 総務省大臣官房総務課課長補佐 |
| 平成21年 7 月 | 総務省自治行政局市町村課課長補佐 |
| 平成22年 4 月 | 総務省自治行政局住民制度課課長補佐 |
| 平成22年 8 月 | 内閣府地域主権戦略室参事官補佐 |
| 平成24年 4 月 | 堺市財政局長 |
| 平成27年 7 月 | 自治体国際化協会シドニー事務所長 |
| 平成30年 7 月 | 全国市町村国際文化研修所教務部長 |
| 令和元年 7 月 | 自治体国際化協会事務局長 |
| 令和 2 年 7 月 | 総務省自治行政局参事官 |

## 地方公務員数の状況（令和元年度）

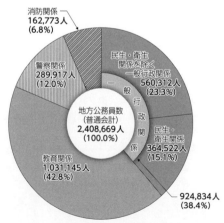

消防関係
162,773人
(6.8%)

警察関係
289,917人
(12.0%)

民生・衛生
関係を除く
一般行政関係
560,312人
(23.3%)

一般行政関係

地方公務員数
（普通会計）
2,408,669人
(100.0%)

民生・
衛生関係
364,522人
(15.1%)

教育関係
1,031,145人
(42.8%)

924,834人
(38.4%)

(注)「地方公務員給与実態調査」(令和 2 年 4 月 1 日現在) により算出。

「令和 3 年版地方財政白書」より

**総務省自治行政局公務員部長**
Director-General of the Local Public Service
Personnel Department

# 山 越 伸 子（やまこし のぶこ）

昭和42年12月31日生生．東京都出身．
東京大学経済学部

| | |
|---|---|
| 平成2年4月 | 自治省入省 |
| 平成13年4月 | 千葉県船橋市福祉局長 |
| 平成15年4月 | 千葉県船橋市健康福祉局長 |
| 平成15年7月 | 総務省自治財政局公営企業課 兼 地域企業経営企画室 |
| 平成17年8月 | 経済産業省貿易経済協力局貿易管理部原産地証明室長 |
| 平成18年8月 | 総務省自治行政局公務員部定員給与調査官 |
| 平成20年4月 | 東京都オリンピック招致本部参事（国際招致担当） |
| 平成21年7月 | 東京都知事本局参事（調査担当） |
| 平成22年7月 | 東京都環境局環境改善部長 |
| 平成23年8月 | 総務省自治行政局国際室長 |
| 平成25年4月 | 総務省自治行政局過疎対策室長 |
| 平成26年7月 | 総務省消防庁消防・救急課長 |
| 平成28年6月 | 総務省自治行政局地域自立応援課長 |
| 平成29年7月 | 総務省自治財政局財務調査課長 |
| 平成30年7月 | 総務省自治財政局公営企業課長 |
| 令和2年7月 | 総務省自治行政局公務員部長 |

自治行政局

## 総務省自治行政局公務員部公務員課長
Director of the Local Public Service Personnel Division

# 加　藤　主　税（かとう　ちから）

昭和44年8月30日生. 栃木県出身.
栃木県立栃木高校，東京大学法学部

平成4年4月　自治省入省　平成14年4月　総務省消防庁消防課課長補
佐　平成16年4月　総務省自治税務局固定資産税課審査訴訟専門官　併任
資産評価室課長補佐　平成18年4月　総務省自治税務局市町村税課課長
補佐　平成19年4月　総務省自治税務局市町村税課理事官　平成19年8
月　総務省自治行政局市町村課理事官　平成21年4月　岩手県地域振興
部長　平成22年4月　岩手県政策地域部長　平成23年4月　岩手県総務
部長　平成25年4月　内閣府地方分権改革推進室企画官　兼　地方分権改
革推進室参事官事務代理　平成26年4月　内閣官房企画官（内閣官房副
長官補付）　平成26年5月　内閣官房内閣参事官（内閣官房副長官補付）
平成28年6月　総務省情報流通行政局地域通信振興課長　兼　沖縄情報通
信振興室長　平成30年7月　岡山市副市長
令和2年7月　内閣官房副長官補付　併任　内閣府参事官（政策統括官
　　　　　　（政策調整担当）付）併任　内閣府本府地方分権改革推進
　　　　　　室参事官
令和3年7月　総務省自治行政局公務員部公務員課長

## 総務省自治行政局公務員部福利課長
Director of the Welfare Division

# 野　村　謙一郎（のむら　けんいちろう）

昭和44年6月5日生. 京都府出身.
東京大学法学部

平成5年　　　自治省入省
平成22年4月　川崎市財政局長
平成24年4月　内閣官房地域活性化統合事務局企画官
平成26年7月　総務省自治行政局選挙部政治資金課支出情報開示室長
平成27年7月　総務省大臣官房付　併任　内閣官房副長官補付　併任　内閣府
　　　　　　参事官（総括担当）（政策統括官（経済財政運営担当）
　　　　　　付）併任　内閣府本府地方分権改革推進室参事官
平成28年7月　宮内庁長官官房参事官　併任　内閣官房内閣総務官室 命 内
　　　　　　閣官房皇室典範改正準備室参事官
平成30年7月　厚生労働省職業安定局雇用開発部高齢者雇用対策課長
平成31年4月　厚生労働省職業安定局高齢者雇用対策課長
令和2年7月　総務省自治行政局公務員部福利課長

**総務省自治行政局選挙部長**
Director-General of the Election Department

# 森　　源　二（もり　げんじ）

昭和40年7月18日生.　愛知県出身.
東京大学法学部

自治行政局

| | |
|---|---|
| 平成元年4月 | 自治省入省 |
| 平成元年7月 | 群馬県地方課 |
| 平成7年4月 | 春日井市企画調整部長 |
| 平成10年8月 | 京都府地方課長 |
| 平成12年7月 | 自治省行政局選挙部管理課訟務専門官 兼 課長補佐 |
| 平成14年9月 | 総務省自治行政局公務員部公務員課課長補佐 |
| 平成15年10月 | 内閣官房構造改革特区推進室室員 兼 内閣官房地域再生推進室室員 |
| 平成17年8月 | 総務省自治行政局行政課行政企画官 |
| 平成18年4月 | 総務省大臣官房会計課企画官 |
| 平成18年7月 | 総務省大臣官房企画課企画官 |
| 平成18年9月 | 総務省大臣官房付（大臣秘書官事務取扱） |
| 平成19年9月 | 総務省大臣官房参事官（財政課） |
| 平成20年4月 | 金沢市副市長 |
| 平成24年4月 | 総務省自治行政局地域自立応援課地域振興室長 |
| 平成24年9月 | 内閣府地域主権戦略室参事官 |
| 平成25年1月 | 内閣府地方分権改革推進室参事官 |
| 平成26年7月 | 総務省自治行政局選挙部政治資金課長 |
| 平成28年7月 | 総務省自治行政局選挙部選挙課長 |
| 平成30年7月 | 総務省自治行政局行政課長 |
| 令和元年7月 | 総務省大臣官房審議官（地方行政・個人番号制度、地方公務員制度、選挙担当） |
| 令和2年7月 | 総務省自治行政局選挙部長 |

**総務省自治行政局選挙部選挙課長**

Director of the Election Division

# 笠 置 隆 範 （かさぎ　たかのり）

昭和43年9月1日生．大分県出身．
大分雄城台高等学校，東京大学法学部

平成4年4月　　自治省入省　平成10年4月　　島根県総務部国際課長　平
成12年4月　　島根県商工労働部企業振興課長　　平成14年4月　　島根県総
務部財政課長　平成16年4月　　内閣官房副長官補付　平成17年7月　　総
務省自治行政局選挙部選挙課長課長補佐　　平成19年4月　　総務省自治行政
局選挙部選挙課理事官　平成21年9月　　総務大臣秘書官事務取扱
平成22年9月　　総務省大臣官房政策評価広報課企画官
平成23年4月　　岡山県総務部長
平成25年4月　　総務省大臣官房企画官 兼 参事官 兼 自治財政局財政課復
　　　　　　　　興特別交付税室長
平成27年6月　　北海道総務部長 兼 北方領土対策本部長
平成29年7月　　厚生労働省職業安定局雇用開発部地域雇用対策課長
平成30年7月　　総務省自治行政局選挙部管理課長
令和元年8月　　総務省自治行政局選挙部政治資金課長
令和2年5月　　総務省自治行政局選挙部選挙課長 併任 政治資金課長
令和2年7月　　総務省自治行政局選挙部選挙課長

---

**総務省自治行政局選挙部管理課長**

Director of the Election Management Division

# 清 田 浩 史 （きよた　ひろし）

昭和44年11月生．大阪府出身．
東京大学法学部

平成5年4月　　自治省入省　平成10年7月　　札幌市企画調整局企画部調
整課長　平成12年7月　　国税庁資産税課課長補佐
平成14年4月　　神奈川県福祉部介護国民健康保険課長
平成16年4月　　神奈川県企画部市町村課長
平成18年4月　　総務省自治行政局選挙部管理課訟務専門官 兼 課長補佐
平成19年8月　　総務省大臣官房総務課課長補佐 兼 政策評価広報課評価
　　　　　　　　専門官
平成20年7月　　浜松市企画部長
平成22年8月　　地方公共団体金融機構資金部資金課長
平成24年4月　　地方公共団体金融機構経営企画部企画課長
平成25年4月　　山形県子育て推進部長
平成26年7月　　山形県総務部長
平成28年4月　　復興庁統括官付参事官
平成30年7月　　地方公共団体金融機構資金部長
令和2年7月　　総務省自治行政局選挙部管理課長

**総務省自治行政局選挙部政治資金課長**
Director of the Political Funds Regulation Division

# 北 村 朋 生 (きたむら　ともお)

昭和47年1月19日生．長崎県出身．
東京大学法学部

平成8年4月　自治省入省　平成14年4月　宮古市総務企画部長　平成
17年4月　総務省自治税務局都道府県税課課長補佐　平成18年4月　愛
媛県総務部新行政推進局市町振興課長　平成21年7月　総務省大臣官房
総務課課長補佐　平成22年7月　総務省自治税務局固定資産税課課長補
佐　平成23年4月　滋賀県総務部管理監（経営企画・協働推進担当）　平
成24年4月　滋賀県琵琶湖環境部長　平成25年4月　滋賀県総務部長
平成27年4月　自治体国際化協会審議役
平成27年7月　自治体国際化協会北京事務所長
令和元年7月　総務省自治行政局選挙部政治資金課政党助成室長
令和2年1月　内閣府参事官（産業・雇用担当）（政策統括官（経済財政
　　　　　　　運営担当）付）併任　内閣府本府地域就職氷河期世代支援
　　　　　　　加速化事業推進室参事官
令和2年10月　総務省大臣官房参事官　併任　自治行政局公務員部公務員
　　　　　　　課給与能率推進室長事務取扱
令和3年7月　総務省自治行政局選挙部政治資金課長

自治行政局

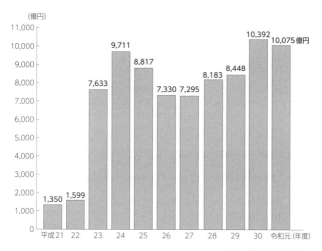

災害復旧事業費の推移

（億円）

**総務省自治財政局長**
Director-General of the Local Public Finance
Bureau

# 前 田 一 浩（まえだ　かずひろ）

昭和38年 3 月11日生．広島県出身．
広島学院高等学校，東京大学法学部

| | |
|---|---|
| 昭和62年 4 月 | 自治省入省（行政局振興課 兼 大臣官房総務課） |
| 昭和62年 7 月 | 山梨県市町村課 |
| 平成元年 4 月 | 自治省消防庁消防課 |
| 平成 2 年 4 月 | 自治省大臣官房企画室 |
| 平成 3 年 4 月 | 自治省税務局府県税課 |
| 平成 4 年 7 月 | 国税庁相生税務署長 |
| 平成 5 年 7 月 | 自治大学校助教授 |
| 平成 6 年 4 月 | 茨城県観光物産課長 |
| 平成 8 年 4 月 | 茨城県財政課長 |
| 平成10年 4 月 | 自治省税務局市町村税課課長補佐 |
| 平成11年 7 月 | 自治省税務局府県税課課長補佐 |
| 平成13年 4 月 | 総務省自治財政局交付税課課長補佐 |
| 平成15年 4 月 | 総務省自治財政局財政課財政企画官 |
| 平成16年 4 月 | 岡山県総務部長 |
| 平成19年 4 月 | 総務省自治行政局公務員部高齢対策室長 |
| 平成19年 7 月 | 総務省自治行政局公務員部給与能率推進室長 |
| 平成20年 7 月 | 内閣府地方分権改革推進委員会事務局参事官 |
| 平成22年 7 月 | 総務省自治財政局公営企業課地域企業経営企画室長 |
| 平成23年 4 月 | 総務省自治財政局公営企業課準公営企業室長 |
| 平成23年 7 月 | 総務省自治税務局固定資産税課長 |
| 平成25年 6 月 | 総務省自治財政局交付税課長 |
| 平成27年 7 月 | 総務省自治財政局財政課長 |
| 平成29年 7 月 | 内閣府大臣官房審議官（経済社会システム担当）併任 内閣府本府休眠預金等活用担当室長 |
| 令和元年 7 月 | 総務省大臣官房審議官（財政制度・財務担当） |
| 令和元年 8 月 | 総務省大臣官房総括審議官（マイナンバー情報連携、政策企画（副）担当） |
| 令和 3 年 7 月 | 総務省自治財政局長 |

**総務省大臣官房審議官（財政制度・財務担当）**

# 池 田 達 雄 （いけだ　たつお）

昭和42年5月1日生．大阪府出身．
洛星高校，東京大学法学部

| | |
|---|---|
| 平成2年4月 | 自治省入省 |
| 平成2年7月 | 新潟県総務部地方課 |
| 平成4年4月 | 外務省経済協力局国際機構課 |
| 平成6年4月 | 自治省財政局公営企業第一課 |
| 平成7年5月 | 秋田県企画調整課、福祉企画課長、秘書課長、財政課長 |
| 平成13年4月 | 総務省行政評価局評価監視調査官 |
| 平成15年4月 | 総務省大臣官房秘書課課長補佐 |
| 平成16年4月 | 総務省自治税務局固定資産税課課長補佐 |
| 平成17年4月 | 総務省自治税務局固定資産税課理事官 |
| 平成18年4月 | 総務省自治税務局企画課税務企画官 |
| 平成19年4月 | 埼玉県環境部長、企画財政部長 |
| 平成23年4月 | 総務省大臣官房参事官（自治財政局財政課） |
| 平成23年12月 | 併任 復興特別交付税室長 |
| 平成24年10月 | 内閣府地方分権改革推進室参事官 |
| 平成27年7月 | 総務省総合通信基盤局電気通信事業部高度通信網振興課長 |
| 平成28年6月 | 総務省自治税務局市町村税課長 |
| 平成30年4月 | 総務省自治税務局都道府県税課長 |
| 平成31年4月 | 総務省自治税務局企画課長 |
| 令和2年4月 | 内閣官房内閣審議官（内閣官房副長官補付）命 内閣官房<br>新型コロナウイルス感染症対策推進室審議官 |
| 令和3年7月 | 総務省大臣官房審議官（財政制度・財務担当） |

自治財政局

**総務省大臣官房審議官（公営企業担当）**

渡　邊　　　輝（わたなべ　あきら）
昭和41年 8 月27日生．埼玉県出身．
東京学芸大学附属高校，東京大学法学部

| | |
|---|---|
| 平成元年 4 月 | 大蔵省入省 |
| 平成14年 7 月 | 財務省大臣官房総合政策課課長補佐（国内調査） |
| 平成15年 7 月 | 財務省大臣官房政策金融課課長補佐（総括） |
| 平成16年 8 月 | 徳島県食の安全・安心推進担当理事 |
| 平成17年 4 月 | 徳島県県民環境部長 |
| 平成18年 8 月 | 徳島県企画総務部長 |
| 平成19年 7 月 | 金融庁監督局総務課協同組織金融室長 |
| 平成21年 7 月 | 金融庁監督局総務課監督企画官（信用機構対応室） |
| 平成22年 4 月 | 金融庁総務企画局企画課信用機構企画室長 |
| 平成22年 7 月 | 総務省人事・恩給局参事官（給与担当） |
| 平成23年 8 月 | 総務省人事・恩給局参事官（服務・勤務時間・人事評価担当） |
| 平成24年 7 月 | 財務省関税局管理課長 |
| 平成25年 6 月 | 人事院事務総局給与局給与第二課長 |
| 平成27年 7 月 | 内閣府政策統括官付参事官 |
| 平成29年 7 月 | 財務省大臣官房会計課長 |
| 平成30年 6 月 | 株式会社日本政策金融公庫取締役 |
| 令和 2 年 7 月 | 総務省大臣官房審議官（公営企業担当） |

**総務省自治財政局財政課長**
Director of the Local Public Finance Division

## 出 口 和 宏 （でぐち　かずひろ）

昭和45年 2 月16日生．大阪府出身．
大阪教育大学附属天王寺高校，東京大学法学部

| | |
|---|---|
| 平成 4 年 4 月 | 自治省入省 |
| 平成18年 4 月 | 総務省自治財政局交付税課課長補佐 |
| 平成19年 4 月 | 総務省自治財政局交付税課理事官 |
| 平成20年 7 月 | 総務省自治財政局財政課財政企画官 |
| 平成21年 7 月 | 富山県経営管理部長 |
| 平成24年11月 | 総務省自治行政局地域自立応援課地域振興室長（兼）大臣官房総務課復旧復興支援室長 |
| 平成27年 7 月 | 総務省自治行政局地域自立応援課過疎対策室長 |
| 平成28年 6 月 | 総務省大臣官房政策評価広報課広報室長 |
| 平成29年 7 月 | 総務省自治財政局調整課長 |
| 平成30年 7 月 | 総務省自治財政局交付税課長 |
| 令和 2 年 7 月 | 総務省自治財政局財政課長 |

**総務省自治財政局調整課長**

## 神 門 純 一 （ごうど　じゅんいち）

昭和45年 9 月18日生．島根県出身．
島根県立大社高校，京都大学工学部，
京都大学大学院工学研究科

| | |
|---|---|
| 平成 7 年 4 月 | 自治省入省 |
| 平成18年 4 月 | 鳥取県総務部次長（総務部財政課長） |
| 平成20年 4 月 | 総務省自治財政局財政課課長補佐 |
| 平成22年 4 月 | 総務省自治税務局固定資産税課理事官 |
| 平成22年 8 月 | 浜松市企画部長 |
| 平成23年 4 月 | 浜松市財務部長 |
| 平成25年 7 月 | 内閣府男女共同参画局総務課企画官 |
| 平成27年 4 月 | 岐阜県秘書政策審議監 |
| 平成28年 4 月 | 岐阜県清流の国推進部長 |
| 平成29年 4 月 | 岐阜県副知事 |
| 令和元年 7 月 | 総務省自治行政局地域政策課地域情報政策室長 |
| 令和 3 年 7 月 | 総務省自治財政局調整課長 |

自治財政局

**総務省自治財政局交付税課長**

# 黒　野　嘉　之（くろの　よしゆき）

昭和47年12月3日生．東京都出身．
東京都立戸山高等学校，東京大学経済学部

| | |
|---|---|
| 平成7年4月 | 自治省入省 |
| 平成19年4月 | 総務省大臣官房企画課課長補佐 |
| 平成20年4月 | 総務省自治行政局地域振興課課長補佐 |
| 平成20年7月 | 総務省自治行政局地域自立応援課課長補佐 |
| 平成21年7月 | 総務省自治財政局交付税課長補佐 |
| 平成22年4月 | 総務省自治財政局交付税理事官 |
| 平成23年4月 | 総務省自治行政局地域政策理事官 |
| 平成23年9月 | 総務省大臣官房付（大臣秘書官事務取扱） |
| 平成24年10月 | 総務省大臣官房政策評価広報課企画官 |
| 平成25年4月 | 石川県企画振興部長 |
| 平成26年7月 | 石川県総務部長 兼 知事室長 |
| 平成28年4月 | 総務省情報公開・個人情報保護審査会事務局審査官 |
| 平成29年4月 | 自治体国際化協会審議役 |
| 平成29年6月 | 自治体国際化協会ロンドン事務所長 |
| 令和2年7月 | 総務省自治財政局交付税課長 |

**総務省自治財政局地方債課長**
Director of the Local Bond Division

# 新　田　一　郎（にった　いちろう）

昭和46年8月14日生．愛媛県出身．
桐蔭学園，東京大学法学部

| | |
|---|---|
| 平成6年4月 | 自治省入省 |
| 平成6年7月 | 岩手県総務部地方振興課 |
| 平成11年7月 | 大阪府池田市政策推進部長 |
| 平成18年7月 | 京都府財政課長 |
| 平成20年7月 | 総務省自治行政局行政体制整備室課長補佐 |
| 平成21年4月 | 総務省自治行政局合併推進課長補佐 |
| 平成22年4月 | 総務省自治行政局行政課理事官 |
| 平成23年4月 | 総務省自治行政局行政課行政企画官 |
| 平成24年6月 | 兼 総務省大臣官房総務課復旧復興支援室長 |
| 平成24年11月 | 富山県経営管理部長 |
| 平成28年4月 | 富山県知事政策局長 兼 危機管理監 |
| 平成29年4月 | 総務省自治財政局財政課参事官 |
| 平成29年7月 | 総務省大臣官房広報室長 |
| 令和元年7月 | 総務省自治財政局調整課長 |
| 令和3年7月 | 総務省自治財政局地方債課長 |

**総務省自治財政局公営企業課長**
Director of the Local Public Enterprise Division

## 坂 越 健 一（さかこし　けんいち）

昭和47年1月6日生. 富山県出身.
東京大学法学部

平成6年4月　自治省入省　平成8年9月　総理府PKO事務局ゴラン
高原連絡調整員　平成12年4月　在サンフランシスコ総領事館領事
平成18年4月　総務省大臣官房秘書課課長補佐 兼 自治行政局公務員部
　　　　　　　福利課課長補佐
平成20年1月　総務省自治財政局地方債課課長補佐
平成21年7月　総務省自治財政局地方債課理事官
平成22年4月　総務省自治財政局財政課財政企画官
平成23年4月　長崎県企画振興部文化観光物産局長
平成25年4月　長崎県企画振興部長
平成26年4月　長崎県総務部長
平成27年4月　総務省自治行政局選挙部政治資金課政党助成室長
平成28年6月　内閣官房内閣総務官室参事官
平成30年7月　総務省自治財政局公営企業課準公営企業室長
令和元年7月　総務省自治財政局地方債課長
令和3年4月　総務省自治財政局公営企業課長

---

**総務省自治財政局財務調査課長**

## 戸 梶 晃 輔（とかじ　こうすけ）

昭和48年7月12日生. 埼玉県出身.
東京大学法学部

平成8年4月　自治省採用　平成9年4月　岡山県総務部財政課　平成
10年4月　自治省大臣官房総務課　平成11年7月　自治省行政局選挙部
選挙課　平成12年7月　自治省行政局選挙部選挙課主査　平成13年1月
総務省自治行政局選挙部選挙課主査　平成13年8月　総務省自治行政局
選挙部選挙課調査係長　平成14年4月　滋賀県企画課参事　平成15年4
月　滋賀県商工観光政策課　平成16年4月　滋賀県予算調整課長　平
成18年4月　内閣府沖縄振興局総務課長補佐　平成20年4月　木島平
村副村長　平成22年4月　総務省自治行政局公務員部福利課課長補佐
平成23年5月　総務省自治行政局選挙部選挙課課長補佐（公務員部福利
課 併任 ～ H23.6）　平成23年7月　総務省自治行政局選挙部選挙課理事
官　平成24年4月　総務省自治行政局選挙部選挙課企画官　平成26年7
月　内閣法制局第三部参事官　令和元年8月　兵庫県企画県民部長　令
和3年8月　総務省大臣官房付（大臣官房参事官 併任 ～ R3.10）（命 自
治行政局選挙部政治資金課政党助成室長事務取扱 ～ R3.10）
令和3年10月　総務省自治財政局財務調査課長（新型コロナウイルス感
　　　　　　　染症対策等地方連携推進室長代理 併任）

**総務省自治税務局長**
Director-General of the Local Tax Bureau

稲　岡　伸　哉（いなおか　しんや）

昭和39年10月11日生．兵庫県出身．
東京大学法学部

昭和62年 4 月　自治省入省
昭和62年 7 月　北海道地方課
昭和63年 4 月　北海道財政課
平成元年 4 月　自治省消防庁総務課
平成 2 年 4 月　自治省財政局公営企業第一課
平成 4 年 4 月　島根県企画調整課長
平成 6 年 4 月　島根県財政課長
平成 8 年 4 月　自治省消防庁消防課長補佐
平成 9 年 8 月　自治体国際化協会企画課長
平成10年 7 月　自治省財政局調整室課長補佐
平成12年 8 月　自治省大臣官房総務課長補佐
平成13年 1 月　総務省大臣官房総務課長補佐
平成13年 7 月　総務省自治税務局都道府県税課課長補佐
平成15年 1 月　総務省自治税務局企画課税務企画官
平成16年 4 月　石川県企画開発部長
平成17年 4 月　石川県企画振興部長
平成17年 7 月　石川県総務部長
平成19年 4 月　総務省自治行政局自治政策課国際室長
平成20年 4 月　地方公務員災害補償基金企画課長
平成21年 4 月　地方公営企業等金融機構経営企画部企画課長
平成23年10月　地方公共団体金融機構経営企画部副部長
平成24年 4 月　地方公共団体金融機構資金部長
平成25年 6 月　総務省消防庁消防・救急課長
平成26年 7 月　総務省自治税務局都道府県税課長
平成28年 6 月　総務省自治税務局企画課長
平成29年 7 月　総務省大臣官房審議官（税務担当）
令和 2 年 7 月　総務省自治税務局長

**総務省大臣官房審議官（税務担当）**
Deputy Director‐General of Minister's
Secretariat (Local tax)

川 窪 俊 広（かわくぼ　としひろ）
昭和41年6月17日生．香川県出身．
香川県立高松高校，東京大学法学部

| | |
|---|---|
| 平成元年4月 | 自治省行政局行政課 |
| 平成元年7月 | 石川県総務部地方課、財政課 |
| 平成3年4月 | 消防庁予防課 |
| 平成4年8月 | 自治省税務局企画課 |
| 平成6年4月 | 北九州市企画局調整課長 |
| 平成8年4月 | 沖縄開発庁振興総務課専門官 |
| 平成10年4月 | 自治省行政局選挙部選挙課課長補佐 |
| 平成10年8月 | 自治省税務局府県税課課長補佐 |
| 平成11年7月 | 岡山県総務部財政課長 |
| 平成14年4月 | 総務省自治財政局財政課課長補佐 |
| 平成15年8月 | 総務省自治税務局企画課課長補佐、理事官、税務企画官 |
| 平成18年4月 | 岩手県総務部長 |
| 平成21年4月 | 総務省自治行政局選挙部政党助成室長 |
| 平成22年6月 | 内閣官房長官秘書官事務取扱 |
| 平成24年9月 | 総務省大臣官房広報室長 |
| 平成26年7月 | 総務省自治税務局市町村税課長 |
| 平成28年6月 | 総務省自治税務局都道府県税課長 |
| 平成29年7月 | 総務省自治税務局企画課長 |
| 平成31年4月 | 地方税共同機構副理事長 |
| 令和2年7月 | 総務省大臣官房審議官（税務担当） |

自治税務局

**総務省自治税務局企画課長**

Director of the Local Tax Planning Division

# 田 辺 康 彦 (たなべ　やすひこ)

昭和44年10月19日生. 東京都出身.
東京大学法学部

| | |
|---|---|
| 平成 4 年 4 月 | 自治省入省 |
| 平成14年 5 月 | 鳥取県総務部次長（総務部財政課長） |
| 平成16年 4 月 | 総務省消防庁防災課災害対策官 |
| 平成18年 7 月 | 総務省自治税務局都道府県税課長補佐 |
| 平成19年 4 月 | 総務省自治税務局企画課理事官 |
| 平成20年 7 月 | 総務省自治税務局企画課税務企画官 |
| 平成21年 4 月 | 青森県総務部長 |
| 平成24年 7 月 | 自治体国際化協会シドニー事務所長 |
| 平成27年 7 月 | 自治体国際化協会事務局長 |
| 平成29年 7 月 | 総務省消防庁国民保護・防災部防災課長 |
| 平成30年 8 月 | 総務省自治税務局固定資産税課長 |
| 平成31年 4 月 | 総務省自治税務局都道府県税課長 |
| 令和 3 年 7 月 | 総務省自治税務局企画課長 |

---

**総務省自治税務局都道府県税課長**

Director of the Prefectural Tax Planning Division

# 山 口 最 丈 (やまぐち　よしたけ)

昭和44年10月25日生. 千葉県出身.
東京大学法学部

| | |
|---|---|
| 平成 5 年 4 月 | 自治省入省 |
| 平成19年 8 月 | 総務省自治税務局市町村税課課長補佐 |
| 平成20年 4 月 | 総務省自治税務局市町村税課理事官 |
| 平成20年 7 月 | 総務省自治税務局固定資産税課理事官 |
| 平成21年 4 月 | 総務省自治税務局企画課税務企画官 |
| 平成22年 7 月 | 松山市副市長 |
| 平成26年 7 月 | 総務省消防庁消防・救急課救急企画室長 |
| 平成28年 6 月 | 兵庫県企画県民部政策創生部長 |
| 平成30年 4 月 | 兵庫県企画県民部長 |
| 令和元年 8 月 | 全国市町村職員共済組合連合会事務局長 |
| 令和 2 年 7 月 | 総務省自治税務局固定資産税課長 |
| 令和 3 年 7 月 | 総務省自治税務局都道府県税課長 |

## 総務省自治税務局市町村税課長

Director of the Municipal Tax Planning Division

# 中 野 祐 介 (なかの　ゆうすけ)

昭和45年 4 月 2 日生. 静岡県出身.
東京大学経済学部

| | |
|---|---|
| 平成 6 年 4 月 | 自治省入省 |
| 平成21年 7 月 | 総務省自治財政局財政課理事官 |
| 平成22年 4 月 | 総務省自治財政局公営企業課理事官 |
| 平成23年 4 月 | 総務省大臣官房政策評価広報課企画官 兼 秘書課コンプライアンス室次長 |
| 平成24年 4 月 | 京都府総務部長 |
| 平成26年 9 月 | 地方創生担当大臣秘書官事務取扱 |
| 平成28年 8 月 | 総務省消防庁国民保護・防災部防災課地域防災室長 |
| 平成29年 4 月 | 北海道総務部長 兼 北方領土対策本部長 |
| 令和元年 6 月 | 北海道副知事 |
| 令和 3 年 7 月 | 総務省自治税務局市町村税課長 |

## 総務省自治税務局固定資産税課長

Director of the Fixed Property Tax Division

# 風 早 正 毅 (かざはや　まさたか)

昭和47年 8 月11日生. 大阪府出身.
東京大学法学部

| | |
|---|---|
| 平成 7 年 4 月 | 自治省入省 |
| 平成17年 4 月 | 岡山市企画局長 |
| 平成18年 4 月 | 総務省自治税務局都道府県税課課長補佐 |
| 平成20年 7 月 | 京都府総務部財政課長 |
| 平成22年 8 月 | 総務省自治税務局企画課理事官 |
| 平成23年 5 月 | 総務省大臣官房秘書課課長補佐 |
| 平成25年 4 月 | 岩手県環境生活部長 |
| 平成27年 4 月 | 岩手県総務部長 |
| 平成29年 4 月 | 総務省自治行政局地域政策課国際室長 |
| 令和元年 4 月 | 内閣官房内閣参事官（内閣総務官室） |
| 令和 3 年 8 月 | 総務省自治税務局固定資産税課長 |

自治税務局

**総務省国際戦略局長**
Director‐General of the Global Strategy
Bureau

田 原 康 生（たわら　やすお）
昭和38年7月8日生．千葉県出身．
銚子市立銚子高校，慶應義塾大学理工学部計測工学科，
慶應義塾大学大学院理工学研究科

| | |
|---|---|
| 昭和63年4月 | 郵政省入省 |
| 平成7年7月 | 郵政省通信政策局技術政策課標準化推進室課長補佐 |
| 平成9年7月 | 郵政省電気通信局電波部移動通信課無線局検査官 |
| 平成12年7月 | 郵政省電気通信局電波部計画課周波数調整官 |
| 平成13年1月 | 総務省大臣官房企画課課長補佐 |
| 平成14年7月 | 内閣官房情報通信技術（IT）担当室主幹 |
| 平成15年8月 | 総務省東北総合通信局情報通信部長 |
| 平成16年7月 | 独立行政法人情報通信研究機構総務部統括 |
| 平成18年7月 | 総務省情報通信政策局技術政策課研究推進室長 |
| 平成20年7月 | 総務省総合通信基盤局電気通信事業部電気通信技術システム課長 |
| 平成22年7月 | 総務省総合通信基盤局電波部移動通信課長 |
| 平成25年6月 | 総務省情報通信国際戦略局技術政策課長 |
| 平成26年7月 | 総務省総合通信基盤局電波部電波政策課長 |
| 平成29年7月 | 総務省九州総合通信局長 |
| 平成30年7月 | 総務省総合通信基盤局電波部長 |
| 令和2年7月 | 総務省サイバーセキュリティ統括官 |
| 令和3年7月 | 総務省国際戦略局長 |

**総務省国際戦略局次長**
Director-General for International Affairs

# 小野寺　　修（おのでら　おさむ）

昭和43年5月15日生．大阪府出身．B型
私立桐蔭学園高校，東京大学教養学部国際関係論，
スタンフォード大学院（MBA）

| | |
|---|---|
| 平成3年4月 | 通産省入省（大臣官房総務課） |
| 平成5年6月 | 通商政策局経済協力部経済協力課 |
| 平成6年6月 | 長期在外研究員（米国） |
| 平成8年6月 | 通商政策局国際経済部通商協定管理課長補佐 |
| 平成10年7月 | 貿易局安全保障貿易管理課長補佐 |
| 平成13年1月 | 製造産業局化学課長補佐 |
| 平成15年6月 | 通商政策局通商機構部参事官補佐 |
| 平成17年9月 | 経済協力開発機構（フランス）上席貿易政策分析官 |
| 平成20年7月 | 資源エネルギー庁省エネルギー・新エネルギー部国際協力推進室長 |
| 平成22年7月 | 新エネルギー・産業技術総合開発機構シリコンバレー事務所長 |
| 平成25年7月 | 通商政策局通商機構部参事官（併）国際経済紛争対策室長 |
| 平成27年7月 | 通商政策局通商機構部参事官（全体総括） |
| 平成28年6月 | 内閣府知的財産戦略推進事務局参事官 |
| 平成30年7月 | 通商政策局通商交渉官 |
| 令和3年7月 | 総務省国際戦略局次長 |

趣味　旅行，読書，映画
学生時代の所属部　サッカー部，アメフトサークル
好きな言葉　情けは人のためならず

国際戦略局

**総務省大臣官房審議官（国際技術、サイバーセ
キュリティ担当）**
Deputy Director-General for ICT R&D and
Cyber Security Policy

# 山 内 智 生（やまうち　ともお）

昭和40年 3 月28日生．兵庫県出身．
京都大学大学院工学研究科修了

平成元年 4 月　郵政省入省
平成17年 8 月　総務省情報通信政策局技術政策課企画官
平成19年 7 月　総務省総合通信基盤局電波部電波政策課電波利用料企画
　　　　　　　　室長
平成21年 7 月　総務省情報通信国際戦略局技術政策課研究推進室長
平成23年 8 月　内閣官房内閣参事官（内閣官房副長官補付）命 内閣官房
　　　　　　　　情報セキュリティセンター参事官
平成26年 7 月　総務省情報通信国際戦略局宇宙通信政策課長
平成28年 6 月　内閣官房内閣参事官（内閣サイバーセキュリティセンター）
平成30年 8 月　内閣官房内閣審議官（内閣官房副長官補付）命 内閣官房
　　　　　　　　内閣サイバーセキュリティセンター副センター長
令和 3 年10月　総務省大臣官房審議官（国際技術、サイバーセキュリテ
　　　　　　　　ィ担当）併任　内閣官房内閣審議官（内閣サイバーセキ
　　　　　　　　ュリティセンター）

**総務省国際戦略局国際戦略課長**

# 大　森　一　顕（おおもり　かずあき）

昭和44年12月13日生．東京都出身．
東京大学経済学部

| | |
|---|---|
| 平成 5 年 4 月 | 郵政省入省 |
| 平成18年 9 月 | 内閣総理大臣補佐官付 |
| 平成20年 7 月 | 総務省総合通信基盤局総務課課長補佐（統括補佐） |
| 平成21年 9 月 | 金融・郵政改革担当大臣秘書官（事務取扱） |
| 平成24年 7 月 | 中華人民共和国大使館参事官 |
| 平成27年 7 月 | 総務省情報流通行政局情報流通振興課情報セキュリティ対策室長 |
| 平成29年 1 月 | 兼 総務省情報通信国際戦略局参事官（サイバーセキュリティ戦略担当） |
| 平成29年 7 月 | 総務省情報通信国際戦略局国際協力課長 |
| 平成29年 9 月 | 総務省国際戦略局国際協力課長 |
| 令和元年 7 月 | 総務省サイバーセキュリティ統括官付参事官（総括担当） |
| 令和 2 年 7 月 | 総務省国際戦略局国際政策課長 |
| 令和 3 年 7 月 | 総務省国際戦略局国際戦略課長 |

---

**総務省国際戦略局技術政策課長**
Director, Technology Policy Division

# 新　田　隆　夫（にった　たかお）

昭和42年 8 月 9 日生．山口県出身．
慶応義塾大学大学院修了

| | |
|---|---|
| 平成 4 年 4 月 | 郵政省入省 |
| 平成20年 7 月 | 総務省総合通信基盤局電波部電波環境課企画官 兼 電波環境課認証推進室長 |
| 平成21年 7 月 | 総務省総合通信基盤局電波部基幹通信課重要無線室長 |
| 平成23年 7 月 | 独立行政法人情報通信研究機構経営企画部統括 |
| 平成24年 7 月 | 内閣官房 |
| 平成26年 8 月 | 総務省総合通信基盤局電波部電波政策課国際周波数政策室長 |
| 平成28年 6 月 | 総務省情報通信国際戦略局宇宙通信政策課長 |
| 平成29年 7 月 | 内閣府参事官（重要課題達成担当）（政策統括官（科学技術・イノベーション担当）付） |
| 令和元年 7 月 | 大阪大学教授（共創機構産学共創本部副本部長） |
| 令和 3 年 7 月 | 総務省国際戦略局技術政策課長 |

国際戦略局

**総務省国際戦略局通信規格課長**
Director,ICT Standardization Division

# 山 口 典 史 (やまぐち　のりふみ)

静岡県出身.
静岡県立韮山高校，東京工業大学，
スタンフォード大学大学院

| | |
|---|---|
| 平成 4 年 4 月 | 郵政省入省 |
| 平成20年 7 月 | 独立行政法人情報通信研究機構連携研究部門テストベッド企画戦略グループグループリーダー |
| 平成21年10月 | 国際電気通信連合（ＩＴＵ）無線通信局 |
| 平成24年 7 月 | 総務省総合通信基盤局電波部国際周波数政策室長 |
| 平成26年 7 月 | 総務省情報通信国際戦略局通信規格課企画官 |
| 平成27年 7 月 | 総務省情報通信国際戦略局国際経済課企画官 |
| 平成29年 8 月 | 国立大学法人北陸先端科学技術大学院大学高信頼ＩoＴ社会基盤研究拠点特任教授 |
| 令和元年 8 月 | 総務省国際戦略局国際政策課技術協力専門官 |
| 令和 3 年 7 月 | 総務省国際戦略局通信規格課長 |

**総務省国際戦略局宇宙通信政策課長**
Director, Space Communications Policy Division

# 山 口 真 吾 (やまぐち　しんご)

| | |
|---|---|
| 平成 7 年 | 郵政省入省 |
| 令和 2 年 | 国立研究開発法人情報通信研究機構グローバル推進部門国際連携室長 |
| 令和 3 年 7 月 | 総務省国際戦略局宇宙通信政策課長 |

**総務省国際戦略局国際展開課長**
Deputy Director‐General for International Policy

# 安 藤 高 明（あんどう　たかあき）

昭和47年 3 月27日生．佐賀県出身．
佐賀県立佐賀西高等学校，九州大学法学部

| | |
|---|---|
| 平成 6 年 4 月 | 郵政省入省 |
| 平成22年 7 月 | 総務省大臣官房総務課課長補佐 |
| 平成23年 7 月 | 人事院人材局交流派遣専門員（官民交流） |
| 平成25年 1 月 | 内閣官房郵政民営化推進室企画官 |
| 平成27年11月 | 総務省総合通信基盤局電気通信事業部電気通信技術システム課安全・信頼性対策室長 |
| 平成29年 7 月 | 総務省情報公開・個人情報保護審査会事務局審査官 |
| 令和元年 7 月 | 総務省政治資金適正化委員会事務局参事官 |
| 令和 3 年 7 月 | 総務省国際戦略局国際展開課長 |

---

**総務省国際戦略局国際経済課長**
Deputy Director‐General for International Economic Affairs

# 北 神　　裕（きたがみ　ゆたか）

昭和48年 4 月生．新潟県出身．
東京大学経済学部

| | |
|---|---|
| 平成26年 7 月 | 総務省総合通信基盤局電気通信事業部事業政策課統括補佐 |
| 平成27年 7 月 | 総務省総合通信基盤局電気通信事業部番号企画室長 |
| 平成28年 8 月 | 内閣府知的財産戦略推進事務局企画官 |
| 平成30年 8 月 | 総務省情報流通行政局郵政行政部国際企画室長 |
| 令和 3 年10月 | 総務省国際戦略局国際経済課長 |

国際戦略局

**総務省国際戦略局国際協力課長**
Deputy Director-General for International Cooperation

# 庄　司　周　平（しょうじ　しゅうへい）

昭和50年 3 月 1 日生．島根県出身．
島根県立松江北高校，東京大学経済学部

| | |
|---|---|
| 平成10年 4 月 | 郵政省入省 |
| 平成18年 8 月 | 総務省総合通信基盤局電波部電波政策課課長補佐 |
| 平成19年 4 月 | 岡山県企画振興部情報政策課長 |
| 平成22年 4 月 | 総務省情報流通行政局衛星・地域放送課地域放送推進室課長補佐 |
| 平成22年 9 月 | 総務副大臣秘書官 |
| 平成23年 9 月 | 総務省総合通信基盤局電波部移動通信課課長補佐 |
| 平成24年 7 月 | 一般財団法人マルチメディア振興センター北京事務所長 |
| 平成27年 7 月 | 総務省総合通信基盤局電波部電波政策課企画官 |
| 平成29年 8 月 | 本田技研工業株式会社（官民交流） |
| 令和元年 7 月 | 総務省情報流通行政局郵政行政部企画課企画官 |
| 令和 2 年 7 月 | 総務省情報流通行政局情報流通振興課情報流通高度化推進室長 |
| 令和 3 年 7 月 | 総務省国際戦略局国際協力課長 |

---

**総務省国際戦略局参事官**

# 菱　田　光　洋（ひしだ　みつひろ）

昭和46年 6 月18日生．広島県出身．
東京大学法学部

| | |
|---|---|
| 平成 6 年 4 月 | 郵政省入省 |
| 平成23年 8 月 | 総務省情報通信国際戦略局国際経済課企画官 |
| 平成24年 8 月 | 総務省情報通信国際戦略局国際経済課多国間経済室長 |
| 平成25年 7 月 | 兼 内閣官房副長官補付企画官 兼 ＴＰＰ政府対策本部交渉官 |
| 平成29年 7 月 | 国立研究開発法人情報通信研究機構オープンイノベーション推進本部デプロイメント推進部門長 |
| 令和元年 7 月 | 総務省国際戦略局国際経済課長 |
| 令和 3 年 7 月 | 総務省国際戦略局参事官 併任 国際経済課 |
| 令和 3 年10月 | 総務省国際戦略局参事官 併任 国際経済課多国間経済室 |

**総務省情報流通行政局長**
Director-General of the Information and Communications Bureau

# 吉　田　博　史（よしだ　ひろし）

昭和38年11月3日生．東京都出身．

| | |
|---|---|
| 昭和62年4月 | 郵政省入省 |
| 平成19年7月 | 総務省情報通信政策局地上放送課長 |
| 平成20年7月 | 総務省情報流通行政局地上放送課長 |
| 平成24年8月 | 総務省総合通信基盤局電気通信事業部事業政策課長 |
| 平成27年7月 | 総務省大臣官房参事官（秘書課担当） |
| 平成28年6月 | 総務省情報通信国際戦略局参事官 |
| 平成29年7月 | 経済産業省大臣官房審議官（ＩＴ戦略担当） |
| 令和元年7月 | 総務省大臣官房審議官（情報流通行政局担当） |
| 令和2年7月 | 総務省大臣官房総括審議官（広報、政策企画（主））（併）電気通信紛争処理委員会事務局長 |
| 令和3年2月 | 総務省情報流通行政局長　併任　大臣官房総括審議官（広報、政策企画（主））（併）電気通信紛争処理委員会事務局長 |
| 令和3年7月 | 総務省情報流通行政局長 |

総務省大臣官房審議官（情報流通行政局担当）
Deputy Director-General for Broadcasting

## 藤　野　　克（ふじの　まさる）

早稲田大学政治経済学部政治学科,
シカゴ大学修士（社会科学）, 早稲田大学博士（学術）

| | |
|---|---|
| 平成 2 年 4 月 | 郵政省入省 |
| 平成20年 | 外務省在米国日本国大使館参事官 |
| 平成24年 7 月 | 総務省情報流通行政局郵政行政部貯金保険課長（併：内閣官房内閣参事官（内閣官房副長官補付）命 内閣官房郵政改革推進室参事官） |
| 平成26年 7 月 | 総務省情報流通行政局地上放送課長 |
| 平成28年 6 月 | 総務省総合通信基盤局電気通信事業部料金サービス課長 |
| 平成30年 7 月 | 総務省国際戦略局総務課長 |
| 令和元年 7 月 | 総務省大臣官房企画課長 |
| 令和 2 年 7 月 | 総務省大臣官房審議官（国際技術、サイバーセキュリティ担当）併任 内閣官房内閣審議官（内閣官房副長官補付）命 内閣官房情報通信技術（ＩＴ）総合戦略室長代理（副政府ＣＩＯ） |
| 令和 3 年 2 月 | 大臣官房審議官（情報流通行政局担当）を併任 |
| 令和 3 年 7 月 | 総務省大臣官房審議官（国際技術、サイバーセキュリティ、情報流通行政局担当） |
| 令和 3 年10月 | 総務省大臣官房審議官（情報流通行政局担当） |

主要著書　『電気通信事業法逐条解説』（共編著）（電気通信振興会 平成20年）、『インターネットに自由はあるか』（単著）（中央経済社 平成24年）、『電気通信事業法逐条解説改訂版』（共編著・改訂）（情報通信振興会 令和元年）

**総務省大臣官房審議官（情報流通行政局担当）**
Deputy Director-General of the Information
and Communications Bureau

# 辺 見　　聡（へんみ　さとし）

昭和41年 4 月21日生．群馬県出身．
群馬県立前橋高校，一橋大学法学部

| | |
|---|---|
| 平成 2 年 4 月 | 厚生省入省（保健医療局企画課） |
| 平成13年 6 月 | 在ジュネーブ国際機関日本政府代表部一等書記官（WHO担当） |
| 平成16年 7 月 | 厚生労働省大臣官房国際課課長補佐 |
| 平成17年 8 月 | 社会保険庁総務部総務課課長補佐 |
| 平成18年 9 月 | 宮城社会保険事務局長 |
| 平成20年 7 月 | 社会保険庁日本年金機構設立準備事務局管理官 |
| 平成22年 1 月 | 厚生労働省健康局疾病対策課臓器移植対策室長 |
| 平成23年10月 | 厚生労働省大臣官房総務課企画官 |
| 平成24年 4 月 | 厚生労働省社会・援護局障害保健福祉部障害福祉課地域移行・障害児支援室長 |
| 平成24年 9 月 | 厚生労働省社会・援護局障害保健福祉部障害福祉課長 |
| 平成26年 7 月 | 厚生労働省老健局高齢者支援課長 |
| 平成27年 7 月 | 厚生労働省老健局振興課長 |
| 平成28年 6 月 | 厚生労働省医薬・生活衛生局総務課長 |
| 平成29年 7 月 | 厚生労働省大臣官房参事官（人事担当） |
| 平成30年 7 月 | 厚生労働省大臣官房人事課長 |
| 令和元年 7 月 | 厚生労働省大臣官房審議官（社会、援護、人道調査、福祉連携担当） |
| 令和 2 年 8 月 | 総務省大臣官房審議官（情報流通行政局担当） |

情報流通行政局

**総務省情報流通行政局総務課長**
Director, General Affairs Division

# 三　田　一　博（みた　かずひろ）

昭和45年3月9日生. 福井県出身. B型
東海高等学校, 東京大学法学部

平成4年4月　郵政省入省　平成4年7月　郵政省官房人事部管理課総括係　平成6年7月　郵政省官房総務課総括係　平成7年2月　郵政省官房総務課主査　平成8年4月　国土庁大都市圏整備局首都機能移転企画課　平成10年6月　郵政省通信政策局通信事業振興課課長補佐　平成11年7月　横浜市企画局高度情報化推進担当課長　平成13年7月　総務省自治税務局都道府県税課課長補佐　平成15年8月　総務省総合通信基盤局事業政策課課長補佐　平成17年8月　総務省情報通信政策局情報通信政策課新事業支援推進官　平成19年7月　総務省情報流通行政局地上放送課企画官　平成22年7月　総務省情報通信国際戦略局情報通信政策課調査官　平成24年7月　三井不動産株式会社出向（官民交流）
平成26年7月　内閣官房内閣参事官（内閣広報室）
平成28年6月　総務省総合通信基盤局電気通信事業部データ通信課長
平成29年7月　総務省情報流通行政局地上放送課長
令和元年7月　総務省北陸総合通信局長
令和3年7月　総務省情報流通行政局総務課長

---

**総務省情報流通行政局情報通信政策課長**
Director, ICT Strategy Policy Division

# 大　村　真　一（おおむら　しんいち）

東京大学法学部

平成4年4月　　郵政省入省
平成20年7月　　総務省総合通信基盤局電気通信事業部消費者行政課企画官
平成23年7月　　総務省総合通信基盤局電気通信事業部料金サービス課企画官
平成24年9月　　内閣法制局参事官（第三部）
平成29年7月　　総務省総合通信基盤局電気通信事業部消費者行政第二課長
平成30年7月　　総務省総合通信基盤局電気通信事業部料金サービス課長
令和2年7月　　総務省総合通信基盤局電気通信事業部事業政策課長
令和3年7月　　総務省情報流通行政局情報通信政策課長

**総務省情報流通行政局情報流通振興課長**
Director, Digital Inclusion and Accessibility Division

# 松 井 正 幸 （まつい　まさゆき）

千葉県出身.
東京大学法学部

| | |
|---|---|
| 平成 8 年 4 月 | 郵政省入省 |
| 平成14年 7 月 | 経済協力開発機構（ＯＥＣＤ）事務局 |
| 平成18年 4 月 | 内閣官房副長官室参事官補佐 |
| 平成25年 7 月 | 総務省総合通信基盤局消費者行政課電気通信利用者情報政策室長 |
| 平成26年 9 月 | 総務大臣秘書官事務取扱 |
| 平成29年 8 月 | 総務省総合通信基盤局電気通信事業部事業政策課市場評価企画官 兼 電気通信技術システム課安全・信頼性対策室企画官 |
| 平成30年 6 月 | 在アメリカ合衆国日本国大使館参事官 |
| 令和 3 年 7 月 | 総務省情報流通行政局情報流通振興課長 |

**総務省情報流通行政局情報通信作品振興課長**
Director, Promotion for Content Distribution Division

# 井 田 俊 輔 （いだ　しゅんすけ）

昭和49年 5 月21日生．神奈川県出身．
東京大学法学部

| | |
|---|---|
| 平成 9 年 4 月 | 郵政省採用 |
| 平成19年 4 月 | 総務省情報通信政策局衛星放送課課長補佐 |
| 平成21年 6 月 | 在フランス日本国大使館一等書記官 |
| 平成24年 7 月 | 総務省情報流通行政局放送政策課課長補佐 |
| 平成26年 7 月 | 総務省情報流通行政局放送政策課企画官 |
| 平成28年 7 月 | 国立研究開発法人情報通信研究機構セキュリティ人材育成研究センターシニアマネージャー |
| 平成29年 4 月 | 国立研究開発法人情報通信研究機構ナショナルサイバートレーニングセンター副センター長 |
| 平成30年 7 月 | 内閣官房内閣サイバーセキュリティセンター企画官 |
| 令和 2 年 7 月 | 総務省情報流通行政局地域通信振興課デジタル経済推進室長 |
| 令和 3 年 7 月 | 総務省情報流通行政局情報通信作品振興課長 |

情報流通行政局

**総務省情報流通行政局地域通信振興課長 併任 沖縄情報通信振興室長**
Director, Regional Communications Development Division

# 金 澤 直 樹（かなざわ　なおき）

愛知県出身.
東京大学経済学部

| | |
|---|---|
| 平成 7 年 4 月 | 郵政省入省 |
| 平成24年 7 月 | 復興庁企画官 |
| 平成26年 7 月 | 総務省情報流通行政局衛星・地域放送課国際放送推進室長 |
| 平成28年 7 月 | 総務省総合通信基盤局電波部移動通信課移動通信企画官 |
| 平成30年 4 月 | 総務省総合通信基盤局電波部電波政策課企画官 |
| 令和元年 7 月 | 総務省情報流通行政局地域通信振興課地方情報化推進室長 |
| 令和 2 年 4 月 | 総務省情報流通行政局地域通信振興課デジタル経済推進室長 |
| 令和 2 年 7 月 | 総務省情報流通行政局地域通信振興課長 |

**総務省情報流通行政局放送政策課長**
Director, Broadcasting Policy Division

# 飯 倉 主 税（いいくら　ちから）

昭和47年 1 月 8 日生.　大阪府出身.
京都大学経済学部

| | |
|---|---|
| 平成 7 年 4 月 | 郵政省採用 |
| 平成13年 7 月 | 総務省総合通信基盤局電気通信事業部料金サービス課課長補佐 |
| 平成17年 8 月 | 和歌山県企画部 I T推進局情報政策課長 |
| 平成18年 9 月 | 総務副大臣秘書官 |
| 平成20年 8 月 | 総務省情報流通行政局地上放送課課長補佐 |
| 平成24年12月 | 総務大臣秘書官 |
| 平成27年 7 月 | 総務省情報流通行政局放送政策課企画官 |
| 平成29年 7 月 | 総務省情報流通行政局情報通信政策課調査官 |
| 令和 2 年 7 月 | 総務省情報流通行政局情報流通振興課長 |
| 令和 3 年 7 月 | 総務省情報流通行政局放送政策課長 |

**総務省情報流通行政局放送技術課長**
Director, Broadcasting Technology Division

# 近 藤 玲 子 （こんどう　れいこ）

神戸女学院高等学部,
東京大学大学院理学系研究科情報科学専攻,
スタンフォード大学大学院（ＭＢＡ）

| | |
|---|---|
| 平成 5 年 4 月 | 郵政省入省 |
| 平成21年 7 月 | 独立行政法人情報通信研究機構情報通信セキュリティ研究センター推進室長 |
| 平成23年 7 月 | 内閣官房情報セキュリティセンター企画調整官 |
| 平成26年 8 月 | 総務省情報流通行政局放送技術課技術企画官 |
| 平成28年 7 月 | 総務省総合通信基盤局電波部基幹・衛星移動通信課重要無線室長 |
| 平成29年 7 月 | 総務省総合通信基盤局電波部電波環境課長 |
| 平成30年 7 月 | 総務省サイバーセキュリティ統括官付参事官（国際担当） |
| 令和 2 年 7 月 | 総務省国際戦略局通信規格課長 |
| 令和 3 年 7 月 | 総務省情報流通行政局放送技術課長 |

**総務省情報流通行政局地上放送課長**
Director, Terrestrial Broadcasting Division

# 堀 内 隆 広 （ほりうち　たかひろ）

千葉県立千葉高校,　東京大学経済学部

| | |
|---|---|
| 平成 9 年 4 月 | 郵政省入省 |
| 平成25年 7 月 | 総務省総合通信基盤局電気通信事業部事業政策課統括補佐 |
| 平成26年 8 月 | 総務省総合通信基盤局電気通信事業部電気通信技術システム課番号企画室長 |
| 平成27年 7 月 | 総務省総合通信基盤局電気通信事業部事業政策課調査官 |
| 平成28年 7 月 | 総務省総合通信基盤局電気通信事業部事業政策課市場評価企画官 |
| 平成29年 8 月 | 総務大臣秘書官事務取扱 |
| 平成30年10月 | 総務省情報流通行政局放送政策課企画官 |
| 令和 2 年 7 月 | 総務省情報流通行政局情報通信政策課調査官 |
| 令和 3 年 7 月 | 総務省情報流通行政局地上放送課長 |

情報流通
行政局

総務省情報流通行政局衛星・地域放送課長

# 安 東 高 徳（あんどう　たかのり）

平成 8 年 4 月　郵政省入省
令和元年 7 月　内閣官房内閣参事官（内閣官房副長官補付）命 内閣官房
　　　　　　　　デジタル市場競争本部事務局参事官
令和 3 年 7 月　総務省情報流通行政局衛星・地域放送課長

### 事業全体に占める公営企業の割合（令和元年度）

| 事　　業 | 指　　標 | 全 事 業 | 左記に占める公営企業の割合 |
|---|---|---|---|
| 水　道　事　業 | 現 在 給 水 人 口 | 1億2,456万人 | 99.6% |
| 工 業 用 水 道 事 業 | 年 間 総 配 水 量 | 43億5百万 m³ | 99.9% |
| 交 通 事 業（鉄軌道） | 年 間 輸 送 人 員 | 251億90百万人 | 10.3% |
| 交 通 事 業（バ ス） | 年 間 輸 送 人 員 | 45億32百万人 | 19.0% |
| 電　気　事　業 | 年 間 発 電 電 力 量 | 8,631億86百万kWh | 0.9% |
| ガ　ス　事　業 | 年 間 ガ ス 販 売 量 | 1兆7,146億1百万MJ(メガジュール) | 1.6% |
| 病　院　事　業 | 病　　床　　数 | 1,529千床 | 11.2% |
| 下　水　道　事　業 | 汚 水 処 理 人 口 | 1億1,636万人 | 90.4% |

「令和 3 年版地方財政白書」より

**総務省情報流通行政局郵政行政部長**
Director-General of the Postal Services
Policy Planning Department

今　川　拓　郎（いまがわ　たくお）

昭和41年4月生．静岡県出身．
静岡県立清水東高校，東京大学教養学部，
東京大学大学院広域科学専攻，ハーバード大学（経済学博士）

| | |
|---|---|
| 平成2年4月 | 郵政省入省 |
| 平成5年7月 | 米国留学 |
| 平成12年7月 | 大阪大学大学院国際公共政策研究科助教授 |
| 平成17年8月 | 総務省総合通信基盤局事業政策課市場評価企画官 |
| 平成19年7月 | 総務省情報通信政策局総合政策課調査官 |
| 平成20年7月 | 総務省情報通信国際戦略局情報通信経済室長 |
| 平成21年7月 | 総務省情報流通行政局地上放送課企画官 |
| 平成24年8月 | 総務省情報流通行政局地域通信振興課長 |
| 平成27年7月 | 総務省情報流通行政局情報流通振興課長 |
| 平成29年9月 | 総務省情報流通行政局情報通信政策課長 |
| 令和元年7月 | 総務省総合通信基盤局総務課長 |
| 令和2年7月 | 総務省総合通信基盤局電気通信事業部長 |
| 令和3年7月 | 総務省情報流通行政局郵政行政部長 |

情報流通
行政局

**総務省情報流通行政局郵政行政部企画課長**
Director, Planning Division

# 髙 田 義 久（たかだ　よしひさ）

三重県出身.
東京大学法学部

| | |
|---|---|
| 平成 5 年 4 月 | 郵政省入省 |
| 平成30年 7 月 | 金融庁監督局郵便保険監督参事官 |
| 令和元年 7 月 | 総務省情報流通行政局郵政行政部貯金保険課長 |
| 令和 3 年 7 月 | 総務省情報流通行政局郵政行政部企画課長 |

---

**総務省情報流通行政局郵政行政部郵便課長**
Director, Postal Policy Division

# 松 田 昇 剛（まつだ　しょうごう）

昭和46年 9 月27日生.　京都府出身.
洛南高校, 大阪大学法学部

| | |
|---|---|
| 平成 7 年 4 月 | 郵政省入省　平成 7 年 6 月　郵政省放送行政局放送政策課　平成10年 6 月　郵政省通信政策局政策課制度係長 |
| 平成13年 4 月 | 岡山市情報政策課長 |
| 平成15年 4 月 | 岡山市情報政策部長 |
| 平成16年 4 月 | 総務省郵政行政局保険企画課課長補佐 |
| 平成17年 4 月 | 総務省郵政行政局総務課総合企画室課長補佐 |
| 平成18年 9 月 | 総務省大臣官房秘書課秘書専門官（田村憲久副大臣付） |
| 平成19年 8 月 | 総務省総合通信基盤局電気通信事業部事業政策課課長補佐 |
| 平成21年 7 月 | 総務省情報流通行政局情報流通振興課統括補佐 |
| 平成24年 7 月 | 総務省大臣官房総務課課長補佐 |
| 平成25年 7 月 | 内閣府政策統括官（沖縄政策）付企画官 |
| 平成27年 7 月 | 内閣官房情報通信技術（ＩＴ）総合戦略室企画官 |
| 平成29年 7 月 | 総務省情報流通行政局地方情報化推進室長 |
| 令和元年 7 月 | 内閣官房まち・ひと・しごと創生本部事務局内閣参事官 |
| 令和 3 年 7 月 | 総務省情報流通行政局郵政行政部郵便課長 |

**総務省情報流通行政局郵政行政部貯金保険課長**
Director, Savings & Insurance Services Division

# 小 林 知 也 （こばやし　ともや）

平成 9 年 4 月　郵政省入省
令和 2 年 4 月　日本郵便株式会社あきる野郵便局長
令和 3 年 4 月　日本郵便株式会社経営企画部企画役
令和 3 年 7 月　総務省情報流通行政局郵政行政部貯金保険課長

---

**総務省情報流通行政局郵政行政部信書便事業課長**
Director, Correspondence Delivery Business Division

# 寺 村 行 生 （てらむら　ゆきお）

昭和49年 3 月10日生．石川県出身．
金沢大学教育学部附属高等学校，東京大学経済学部

平成 9 年 4 月　郵政省入省
平成28年 7 月　内閣官房日本経済再生事務局企画官
平成30年 7 月　総務省情報流通行政局情報通信政策課企画官
令和元年10月　日本郵便株式会社国際事業部企画役
令和 3 年10月　総務省情報流通行政局郵政行政部信書便事業課長

情報流通
行政局

**総務省総合通信基盤局長**
Director-General of the Telecommunications Bureau

## 二　宮　清　治（にのみや　せいじ）

昭和40年1月11日生．愛媛県出身．
愛媛県立八幡浜高校，東京大学経済学部

| | |
|---|---|
| 昭和63年4月 | 郵政省入省 |
| 平成16年7月 | 総務省総合通信基盤局国際部国際経済室長 |
| 平成18年4月 | 総務省総合通信基盤局電気通信事業部料金サービス課企画官 |
| 平成20年1月 | 総務省総合通信基盤局電気通信事業部消費者行政課長 |
| 平成22年7月 | 総務省総合通信基盤局電気通信事業部料金サービス課長 |
| 平成25年6月 | 内閣官房内閣参事官（内閣官房副長官補付）命 内閣官房情報通信技術（IT）総合戦略室参事官 |
| 平成29年7月 | 総務省大臣官房会計課長 併：予算執行調査室長 |
| 平成30年7月 | 総務省大臣官房サイバーセキュリティ・情報化審議官 併任 内閣官房情報通信技術（IT）総合戦略室室長代理（副政府CIO） |
| 令和元年7月 | 総務省大臣官房審議官（国際技術、サイバーセキュリティ担当）併任 内閣官房情報通信技術（IT）総合戦略室室長代理（副政府CIO） |
| 令和2年7月 | 内閣官房内閣審議官（内閣官房デジタル市場競争本部事務局次長） |
| 令和2年9月 | 内閣官房内閣審議官（内閣官房デジタル市場競争本部事務局次長、内閣官房情報通信技術（IT）総合戦略室室長代理（副政府CIO）） |
| 令和3年7月 | 総務省総合通信基盤局長（併任 内閣官房情報通信技術（IT）総合戦略室室長代理（副政府CIO）） |
| 令和3年9月 | 総務省総合通信基盤局長 |

**総務省総合通信基盤局総務課長**

# 林　　弘　郷（はやし　ひろさと）

昭和43年11月19日生．東京都出身．
東京大学法学部

| | |
|---|---|
| 平成5年 | 郵政省入省 |
| 平成17年 | 在大韓民国日本国大使館一等書記官 |
| 平成20年 | 総務省情報通信国際戦略局情報通信政策課参事官補佐 |
| 平成22年 | 総務省情報流通行政局放送政策課企画官 |
| 平成24年 | 内閣官房知的財産戦略推進事務局企画官 |
| 平成26年 | 総務省情報通信国際戦略局情報通信政策課情報通信経済室長 |
| 平成28年 | 総務省総合通信基盤局電波部電波環境課認証推進室長 |
| 平成29年 | 内閣府地方分権改革推進室参事官 |
| 令和2年7月 | 総務省情報流通行政局地上放送課長 |
| 令和3年7月 | 総務省総合通信基盤局総務課長 |

## 国内電子商取引（BtoC）市場規模

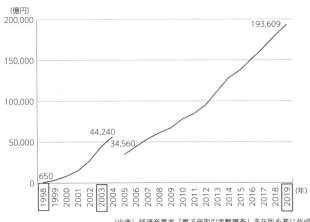

（出典）経済産業省「電子商取引実態調査」各年版を基に作成

「令和3年版情報通信白書」より

**総務省総合通信基盤局電気通信事業部長**
Director-General of the Telecommunications Business Department

# 北　林　大　昌 （きたばやし　だいすけ）

昭和42年 5 月23日生．大阪府出身．
京都大学法学部

| | |
|---|---|
| 平成 2 年 4 月 | 郵政省入省 |
| 平成21年 7 月 | 独立行政法人情報通信研究機構情報通信振興部門長 |
| 平成23年 4 月 | 独立行政法人情報通信研究機構産業振興部門長 |
| 平成23年 7 月 | 総務省大臣官房付 兼 内閣官房副長官補付内閣参事官 |
| 平成25年 7 月 | 野村證券株式会社 |
| 平成27年 7 月 | 総務省情報流通行政局郵政行政部郵便課長 |
| 平成29年 7 月 | 総務省情報流通行政局郵政行政部企画課長 |
| 平成30年 7 月 | 内閣官房内閣参事官（内閣官房副長官補付）命 内閣官房郵政民営化推進室副室長 併任 郵政民営化委員会事務局次長 |
| 令和 2 年 7 月 | 国立研究開発法人情報通信研究機構総務部長 |
| 令和 3 年 7 月 | 総務省総合通信基盤局電気通信事業部長 |

**総務省総合通信基盤局電気通信事業部事業政策課長**
Director Telecommunications Policy Division

# 木 村 公 彦 (きむら　きみひこ)

昭和44年4月8日生.　大阪府出身.
一橋大学経済学部

| | |
|---|---|
| 平成 4 年 4 月 | 郵政省入省 |
| 平成16年 1 月 | 総務省総合通信基盤局電気通信事業部料金サービス課課長補佐 |
| 平成17年 8 月 | 総務省総合通信基盤局電気通信事業部事業政策課課長補佐（統括補佐） |
| 平成18年 8 月 | 独立行政法人情報通信研究機構ワシントン事務所長 |
| 平成21年 7 月 | 総務省総合通信基盤局電気通信事業部事業政策課調査官 |
| 平成24年 8 月 | 警察庁長官官房国際課国際協力室長　兼　刑事局組織犯罪対策部付 |
| 平成26年 7 月 | 総務省情報通信国際戦略局国際協力課長 |
| 平成29年 7 月 | 総務省情報流通行政局サイバーセキュリティ課長 |
| 平成30年 7 月 | 総務省サイバーセキュリティ統括官付参事官（総括担当） |
| 令和元年 7 月 | 内閣官房内閣参事官（内閣官房副長官補付）命 内閣官房情報通信技術（ＩＴ）総合戦略室次長 |
| 令和 3 年 7 月 | 総務省総合通信基盤局電気通信事業部事業政策課長 |

---

**総務省総合通信基盤局電気通信事業部料金サービス課長**
Director, Tariff Division

# 川 野 真 稔 (かわの　まさとし)

神奈川県出身.
京都大学大学院工学研究科（電子工学専攻）

| | |
|---|---|
| 平成 7 年 4 月 | 郵政省採用 |
| 平成24年 8 月 | 総務省情報流通行政局郵政行政部郵便課国際企画室長 |
| 平成27年 6 月 | 外務省在アメリカ合衆国日本国大使館参事官 |
| 平成30年 7 月 | 総務省情報流通行政局情報通信政策課調査官 |
| 令和 2 年 7 月 | 総務省総合通信基盤局電気通信事業部料金サービス課長 |

## 総務省総合通信基盤局電気通信事業部データ通信課長
Director, Computer Communications Division

# 柴 山 佳 徳（しばやま よしのり）

昭和46年10月20日生．神奈川県出身．
京都大学経済学部

| | |
|---|---|
| 平成 7 年 4 月 | 郵政省入省 |
| 平成20年 7 月 | 総務省情報通信国際戦略局情報通信政策課課長補佐 |
| 平成21年 4 月 | 岐阜県総合企画部次長 |
| 平成24年 7 月 | 総務省大臣官房秘書課課長補佐 |
| 平成25年 7 月 | 総務省総合通信基盤局電気通信事業部事業政策課調査官 |
| 平成27年 7 月 | 総務省情報通信国際戦略局情報通信政策課調査官 |
| 平成28年 6 月 | 内閣官房内閣参事官（内閣広報室）併任 内閣官房副長官補付 |
| 令和元年 7 月 | 総務省国際戦略局国際協力課長 |
| 令和 3 年 7 月 | 総務省総合通信基盤局電気通信事業部データ通信課長 |

---

## 総務省総合通信基盤局電気通信事業部電気通信技術システム課長
Director, Telecommunication Systems Division

# 古 賀 康 之（こが やすゆき）

九州大学理学部物理学科，
九州大学大学院総合理工学研究科情報システム学専攻

| | |
|---|---|
| 平成 7 年 4 月 | 郵政省入省 |
| 平成23年 8 月 | 独立行政法人情報通信研究機構国際推進部門標準化推進室長 |
| 平成26年 4 月 | 早稲田大学研究戦略センター准教授 |
| 平成29年 4 月 | 総務省情報流通行政局衛星・地域放送課技術企画官 |
| 平成30年 8 月 | 内閣府企画官（政策統括官（科学技術・イノベーション担当）付参事官（課題実施担当）付） |
| 令和 2 年 4 月 | 内閣府参事官（課題実施担当）（政策統括官（科学技術・イノベーション担当）付） |
| 令和 3 年 4 月 | 内閣府科学技術・イノベーション推進事務局参事官（重要課題担当） |
| 令和 3 年 7 月 | 総務省総合通信基盤局電気通信事業部電気通信技術システム課長 |

**総務省総合通信基盤局電気通信事業部消費者行政第一課長**
Director, First Telecommunications Consumer Policy Division

# 片 桐 義 博 （かたぎり　よしひろ）

昭和47年4月28日生．神奈川県出身．
桐蔭学園高校，東京大学法学部，ロンドン大学（LSE）

| | |
|---|---|
| 平成8年4月 | 郵政省入省 |
| 平成11年7月 | 豊川郵便局郵便課長 |
| 平成12年7月 | 電気通信局総務課総括係長 |
| 平成14年8月 | 内閣府本府総合規制改革会議事務室室長補佐 |
| 平成16年7月 | 総合通信基盤局電気通信事業部料金サービス課課長補佐 |
| 平成19年6月 | 外務省経済協力開発機構日本政府代表部一等書記官 |
| 平成22年7月 | 総合通信基盤局電気通信事業部事業政策課課長補佐 |
| 平成23年7月 | 情報通信国際戦略局国際政策課統括補佐 |
| 平成25年7月 | 総合通信基盤局電気通信事業部料金サービス課企画官 |
| 平成27年7月 | 国立研究開発法人情報通信研究機構国際推進部門北米連携センター長 |
| 平成30年4月 | 総合通信基盤局電波部電波環境課認証推進室長　併任　電波政策課 |
| 令和元年7月 | 総合通信基盤局電波部電波政策課企画官 |
| 令和2年7月 | 総合通信基盤局電気通信事業部消費者行政第一課長 |

---

**総務省総合通信基盤局電気通信事業部消費者行政第二課長**
Director, Second Telecommunications Consumer Policy Division

# 小 川 久仁子 （おがわ　くにこ）

昭和48年3月29日生．東京都出身．
慶應義塾大学法学部，
タフツ大学フレッチャー法律外交大学院

| | |
|---|---|
| 平成7年4月 | 郵政省採用 |
| 平成20年1月 | 独立行政法人情報通信研究機構総合企画部評価室長 |
| 平成21年7月 | 総務省情報通信国際戦略局国際政策課統括補佐 |
| 平成23年7月 | 総合通信基盤局電気通信事業部消費者行政課企画官 |
| 平成25年5月 | 総合通信基盤局電気通信事業部消費者行政課企画官　併任　消費者行政課電気通信利用者情報政策室長 |
| 平成25年7月 | 総合通信基盤局電波部電波政策課企画官 |
| 平成27年7月 | 総合通信基盤局電波部移動通信課移動通信企画官 |
| 平成28年7月 | 個人情報保護委員会事務局参事官 |
| 平成30年7月 | 内閣官房内閣人事局内閣参事官（給与及び退職手当担当） |
| 令和2年7月 | 総務省総合通信基盤局電気通信事業部消費者行政第二課長 |

総合通信基盤局

## 総務省総合通信基盤局電波部長
Director-General of the Radio Department

# 野 崎 雅 稔（のざき　まさとし）

香川県出身.
香川県立高松高校，早稲田大学理工学部

| | |
|---|---|
| 平成元年 4 月 | 郵政省入省（通信政策局技術開発企画課） |
| 平成 9 年 7 月 | 郵政省通信政策局標準化推進室課長補佐 |
| 平成11年 7 月 | 郵政省通信総合研究所主任研究官 |
| 平成12年 7 月 | 郵政省通信政策局技術政策課課長補佐 |
| 平成13年 7 月 | 総務省総合通信基盤局電波部電波政策課課長補佐 |
| 平成15年 7 月 | 総務省情報通信政策局通信規格課標準化推進官 |
| 平成17年 7 月 | 内閣官房IT担当室総括主幹 |
| 平成19年 7 月 | 総務省情報流通行政局地域放送課技術企画官 |
| 平成21年 7 月 | 総務省総合通信基盤局電波部電波利用料企画室長 |
| 平成22年 7 月 | 総務省総合通信基盤局電気通信事業部電気通信技術システム課長 |
| 平成24年 8 月 | 総務省情報流通行政局放送技術課 |
| 平成26年 7 月 | 総務省情報通信国際戦略局技術政策課長 |
| 平成29年 7 月 | 総務省総合通信基盤局電波部電波政策課長 |
| 平成30年 7 月 | 国立研究開発法人情報通信研究機構執行役 兼 オープンイノベーション推進本部長 |
| 平成31年 4 月 | 国立研究開発法人情報通信研究機構理事 |
| 令和 3 年 7 月 | 総務省総合通信基盤局電波部長 |

**総務省総合通信基盤局電波部電波政策課長**

# 荻 原 直 彦（おぎはら　なおひこ）

昭和42年11月30日生．東京都出身．B型
桐朋高等学校，東北大学工学部情報工学科，
東北大学大学院工学研究科

| | |
|---|---|
| 平成 4 年 4 月 | 郵政省入省 |
| 平成21年 7 月 | 総務省情報流通行政局衛星・地域放送課技術企画官 |
| 平成22年 7 月 | 総務省総合通信基盤局電波部電波政策課電波利用料企画室長 |
| 平成25年 6 月 | 総務省情報通信国際戦略局技術政策課研究推進室長 |
| 平成28年 7 月 | 総務省総合通信基盤局電気通信事業部電気通信技術システム課長 |
| 平成30年 7 月 | 総務省総合通信基盤局電波部移動通信課長 |
| 令和 2 年 7 月 | 総務省情報流通行政局放送技術課長 |
| 令和 3 年 7 月 | 総務省総合通信基盤局電波部電波政策課長 |

---

**総務省総合通信基盤局電波部基幹・衛星移動通信課長**

# 小 津　　敦（おづ　あつし）

| | |
|---|---|
| 平成 5 年 4 月 | 郵政省入省 |
| 令和元年 7 月 | 公益社団法人日本経済研究センター研究本部主任研究員 |
| 令和 3 年 7 月 | 総務省総合通信基盤局電波部基幹・衛星移動通信課長 |

総合通信基盤局

**総務省総合通信基盤局電波部移動通信課長**
Director Land Mobile Communications Division

# 翁　長　　久（おなが　ひさし）

| | |
|---|---|
| 平成 5 年 4 月 | 郵政省入省 |
| 平成20年 7 月 | 総務省情報通信国際戦略局技術政策課統括補佐 |
| 平成21年 7 月 | 国立大学法人東京大学先端科学技術研究センター特任准教授 |
| 平成24年 7 月 | 総務省情報通信国際戦略局技術政策課企画官 |
| 平成25年 7 月 | 独立行政法人情報通信研究機構経営企画部統括 |
| 平成27年 8 月 | 総務省沖縄総合通信事務所次長 |
| 平成29年 7 月 | 総務省国際戦略局宇宙通信政策課長 |
| 平成30年 7 月 | 内閣官房 |
| 令和 2 年 7 月 | 総務省総合通信基盤局電波部移動通信課長 |

---

**総務省総合通信基盤局電波部電波環境課長**
Director, Electromagnetic Environment Division

# 中　里　　学（なかざと　がく）

筑波大学附属駒場高等学校，東京大学理学部情報科学科，
カーネギーメロン大学経営大学院

| | |
|---|---|
| 平成 7 年 4 月 | 郵政省入省 |
| 平成23年 7 月 | 総務省総合通信基盤局電波部電波政策課統括補佐 |
| 平成27年 8 月 | 国立研究開発法人情報通信研究機構経営企画部統括 |
| 平成29年 7 月 | 総務省総合通信基盤局電波部移動通信課新世代移動通信システム推進室長 |
| 令和元年 7 月 | 内閣府宇宙開発戦略推進事務局参事官 |
| 令和 3 年 7 月 | 総務省総合通信基盤局電波部電波環境課長 |

**総務省統計局長**
Director‐General,Statistics Bureau

# 井　上　　　卓（いのうえ　たかし）

昭和39年7月29日生．大阪府出身．
大阪府立高津高校，東京大学経済学部経済学科

| | |
|---|---|
| 昭和63年4月 | 総理府入府（行政監察局監察官付） |
| 平成7年4月 | 総務庁青少年対策本部企画調整課課長補佐 |
| 平成7年7月 | 総務庁青少年対策本部国際交流復興担当参事官補佐 |
| 平成9年6月 | 内閣官房内閣安全保障室　併任　総理府大臣官房安全保障室参事官補 |
| 平成10年4月 | 内閣官房内閣安全保障・危機管理室　併任　大臣官房安全保障・危機管理室参事官補 |
| 平成11年7月 | 総理府大臣官房総理大臣邸事務所長付秘書専門官　命　内閣官房副長官付　併任　内閣官房内閣参事官室 |
| 平成13年1月 | 内閣官房内閣総務官室　命　内閣副参事官 |
| 平成15年7月 | 内閣府男女共同参画局推進課配偶者間暴力対策調整官 |
| 平成17年4月 | 国土交通省河川局砂防部砂防計画課砂防管理室長 |
| 平成19年7月 | 内閣府大臣官房政策評価広報課長　併任　大臣官房参事官（総務課担当） |
| 平成20年3月 | 日本学術会議事務局企画課長　命　国立国会図書館支部日本学術会議図書館長 |
| 平成21年7月 | 日本学術会議事務局企画課長 |
| 平成22年7月 | 総務省統計局統計調査部経済統計課長 |
| 平成24年9月 | 総務省統計局統計調査部調査企画課長 |
| 平成26年7月 | 総務省統計局総務課長 |
| 平成29年4月 | 独立行政法人統計センター理事 |
| 平成31年4月 | 総務省統計研究研修所長 |
| 令和元年7月 | 総務省統計局統計調査部長 |
| 令和3年7月 | 総務省統計局長 |

**総務省統計局統計高度利用特別研究官**

# 佐 伯 修 司 （さいき しゅうじ）

昭和36年9月22日生．愛媛県出身．
東京大学法学部

| | |
|---|---|
| 昭和61年4月 | 総理府入府 |
| 平成13年7月 | 総務省行政評価局総務課企画官 |
| 平成14年6月 | 道路関係四公団民営化推進委員会事務局企画官 |
| 平成16年1月 | 道路関係四公団民営化推進委員会事務局参事官 |
| 平成16年7月 | 独立行政法人統計センター総務部総務課長 兼 経営企画室長 |
| 平成18年8月 | 内閣官房内閣参事官（内閣官房副長官補付）命 内閣官房行政改革推進室参事官（公益法人制度改革担当） |
| 平成19年4月 | 内閣府公益認定等委員会事務局参事官 |
| 平成20年10月 | 内閣府公益認定等委員会事務局総務課長 |
| 平成22年1月 | 総務省行政評価局政策評価官 |
| 平成23年4月 | 内閣府本府地域主権戦略室参事官 |
| 平成25年1月 | 内閣府本府地方分権改革推進室参事官 |
| 平成25年7月 | 総務省統計局総務課長 |
| 平成26年7月 | 総務省大臣官房秘書課長 |
| 平成27年7月 | 総務省大臣官房審議官（大臣官房調整部門、行政管理局担当） |
| 平成28年4月 | 総務省大臣官房審議官（大臣官房調整部門、行政管理局、統計局担当） |
| 平成28年6月 | 総務省大臣官房審議官（大臣官房調整部門、統計局、統計情報戦略推進担当） |
| 平成29年7月 | 総務省統計局統計調査部長 |
| 令和元年7月 | 総務省統計局長 併任 統計研究研修所長 |
| 令和2年7月 | 併任解除 |
| 令和3年7月 | 総務省統計局統計高度利用特別研究官 |

## 総務省統計局総務課長

Director,General Affairs Division,Statistics Bureau

# 永 島 勝 利（ながしま　かつとし）

昭和42年11月10日生．東京都出身．
私立麻布高校，
東京大学大学院理学系研究科修士課程数学専攻

平成 4 年 4 月　総務庁入庁　平成21年 7 月　総務省統計局統計調査部消
費統計課物価統計室長　平成24年 4 月　総務省統計局統計情報システム
課長　平成25年 4 月　総務省統計局統計調査部消費統計課長　平成26年
7 月　総務省統計局統計調査部経済基本構造統計課長　平成29年 1 月
総務省大臣官房付　併任 政策統括官付　併任 統計委員会担当室次長（政策
統括官付）併任 内閣官房副長官補付 命 内閣官房統計改革推進室参事官
平成30年 8 月　総務省統計局統計調査部調査企画課長　平成31年 2 月
総務省統計審査官（政策統括官付）併任 統計改革実行推進室参事官（政
策統括官付）併任 統計委員会担当室次長（政策統括官付）　令和元年 7
月　総務省大臣官房付 併任 政策統括官付 併任 統計改革実行推進室参事
官（政策統括官付）併任 統計委員会担当室次長（政策統括官付）併任 内
閣官房副長官補付 命 内閣官房統計改革推進室参事官　令和元年10月
総務省統計局総務課長 併任 政策統括官付 併任 統計改革実行推進室参事
官（政策統括官付）併任 統計委員会担当室次長（政策統括官付）併任 内
閣官房副長官補付 命 内閣官房統計改革推進室参事官
令和 2 年 7 月　併任解除

## 総務省統計局事業所情報管理課長 併任 政策統括官付

# 植 松 良 和（うえまつ　よしかず）

昭和48年 6 月15日生．石川県出身．
東京大学大学院数理科学研究科

| | |
|---|---|
| 平成10年 4 月 | 総務庁入庁 |
| 平成19年 7 月 | 総務省統計局総務課統計専門官 |
| 平成20年 4 月 | 内閣府経済社会総合研究所国民経済計算部企画調査課課長補佐 |
| 平成22年 7 月 | 総務省統計局統計調査部経済統計課課長補佐 |
| 平成24年 8 月 | 内閣府政策統括官（経済社会システム担当）付参事官付参事官補佐 |
| 平成26年 7 月 | 総務省政策統括官付統計企画管理官付統計企画管理官補佐 |
| 平成27年 7 月 | 総務省政策統括官付恩給業務管理官付受給・債権調査官 |
| 平成28年 4 月 | 総務省政策統括官付統計審査官付調査官 |
| 平成29年 7 月 | 併任 総務省政策統括官付統計改革実行推進室企画官 |
| 平成30年 8 月 | 併任 総務省政策統括官付統計委員会担当室次長 |
| 令和元年 7 月 | 総務省統計局事業所情報管理課長 |
| 令和 2 年 7 月 | 総務省統計審査官（政策統括官付）併任 統計改革実行推進室参事官（政策統括官付）併任 統計局事業所情報管理課長 |
| 令和 3 年 7 月 | 総務省統計局事業所情報管理課長 併任 政策統括官付 |

総務省統計局統計情報システム管理官 併任 独立行政法人統計センター
統計技術・提供部長

# 槙 田 直 木（まきた　なおき）

新潟県出身.
東京大学理学部数学科

平成4年4月　総理府入省　平成19年7月　総務省統計局統計情報シス
テム課企画官　平成21年1月　総務省大臣官房企画課企画官　平成23年
10月　独立行政法人統計センター製表部統計作成支援課長　平成25年4
月　独立行政法人統計センター統計情報・技術部統計作成支援課長　平
成27年4月　独立行政法人統計センター統計編成部統計分類課長　平成
27年8月　農林水産省大臣官房統計部統計企画管理官　平成28年6月
総務省国際統計管理官（政策統括官付）　平成31年1月　総務省統計局統
計情報システム管理官　平成31年4月　研究休職・滋賀大学データサイ
エンス学部教授　令和3年4月　総務省統計局統計情報システム管理官
併任 独立行政法人統計センター統計技術・提供部長

主要論文　Can mobile phone network data be used to estimate small
area population? A comparison from Japan, Makita Naoki et al.
Statistical Journal of the IAOS, vol.29, no.3, 2013、jSTAT MAP : A new
geostatistics web service for small area census data and its impact,
Makita, Naoki, Statistical Journal of the IAOS, vol.32, no.4, 2016

### 有料動画配信サービスの利用率

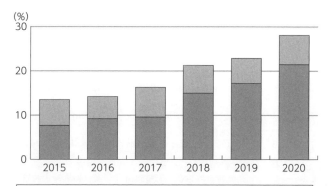

（出典）インプレス（2020）を基に総務省作成

「令和3年版情報通信白書」より

**総務省統計局統計調査部長**
Director-General,Statistical Survey
Department,Statistics Bureau

# 岩 佐 哲 也（いわさ　てつや）

昭和40年9月25日生．長崎県出身．
私立青雲高校，東京大学工学部

| | |
|---|---|
| 平成2年4月 | 総務庁入庁 |
| 平成9年6月 | 青少年対策本部国際交流振興担当参事官補佐 |
| 平成13年1月 | 内閣府男女共同参画局総務課課長補佐（総括・企画調整担当） |
| 平成14年7月 | 総務省行政管理局行政情報システム企画課課長補佐（総括担当） |
| 平成17年8月 | 内閣府本府規制改革・民間開放推進室企画官 |
| 平成19年7月 | 総務省大臣官房企画課企画官 |
| 平成21年1月 | 総務省統計局統計調査部経済統計課長 |
| 平成21年4月 | 総務省統計局統計調査部経済基本構造統計課長 |
| 平成24年4月 | 総務省統計局統計調査部国勢統計課長 |
| 平成28年6月 | 総務省大臣官房参事官（総務課担当） |
| 平成29年4月 | 総務省統計局総務課長 併任 統計作成支援課長 |
| 平成31年4月 | 総務省統計局総務課長 併任 事業所情報管理課長 |
| 令和元年7月 | 総務省大臣官房審議官（統計局、統計基準、統計情報戦略推進担当）命 統計改革実行推進室次長 併任 統計局総務課長 |
| 令和元年10月 | 統計局総務課長の併任解除 |
| 令和3年7月 | 総務省統計局統計調査部長 |

**総務省統計局統計調査部調査企画課長 併任 統計情報利用推進課長**

Director of Survey Planning Division Statistical Survey Department
Statistics Bureau

# 稲 垣 好 展 （いながき　よしのり）

昭和45年8月22日生．島根県出身．
島根県立松江南高校，東京大学法学部

平成5年4月　総理府入府　平成13年1月　総務省大臣官房管理室公益法人
行政推進室参事官補　平成15年7月　総務省人事・恩給局参事官佐　平成
17年7月　財務省主計局調査課課長補佐　平成18年7月　財務省主計局主計
官補佐（文部科学第五係主査）　平成19年7月　総務省行政管理局副管理官
（定員総括担当）　平成21年4月　総務省行政管理局企画調整課企画官　平成
23年7月　内閣府公益認定等委員会事務局企画官　併任　内閣府大臣官房公
益法人行政担当室企画官　平成25年6月　総務省人事・恩給局参事官（人事
評価、任用担当）　平成26年5月　内閣官房内閣参事官（内閣人事局）　平成
27年9月　総務省行政評価局評価監視官（内閣、総務、規制改革等担当）
平成28年6月　総務省大臣官房参事官 併 大臣官房総務課管理室長　平成30
年7月　内閣官房内閣参事官（内閣人事局）併任 総務省行政管理局管理官
（内閣・内閣府・総務・公調委・金融・財務等）　令和2年7月　総務省大臣
官房付 併任 政策統括官付 併任 統計改革実行推進室参事官（政策統括官付）
令和2年10月　併任 内閣官房内閣参事官（内閣官房副長官補付）命 内閣官
房行政改革推進本部事務局参事官 併任 内閣府本府規制改革推進室　令和3
年7月　総務省統計局統計調査部調査企画課長 併任 統計情報利用推進課長

---

**総務省統計局統計調査部国勢統計課長**

Director,Population Census Division Statistical Survey Department
Statistics Bureau

# 小 松 　 聖 （こまつ　さとる）

昭和45年10月2日生．千葉県出身．
千葉県立千葉東高等学校，
千葉大学大学院工学研究科

平成8年4月　総務庁入庁
平成18年4月　総務省統計局統計調査部経済統計課課長補佐
平成19年7月　総務省行政管理局行政情報システム企画課課長補佐
平成21年7月　総務省自治行政局地域政策課国際室課長補佐
平成22年4月　総務省統計局統計調査部調査企画課課長補佐
平成25年6月　独立行政法人統計センター総務部経営企画室長
平成27年4月　総務省受給・債権調査官（政策統括官付恩給業務管理官
　　　　　　　付）併任 総務省政策統括官付統計企画管理官付
平成27年7月　総務省統計局統計調査部消費統計課物価統計室長
平成29年7月　総務省統計局統計調査部経済統計課長
令和元年7月　総務省統計局統計調査部消費統計課長
令和3年7月　総務省統計局統計調査部国勢統計課長

**総務省統計局統計調査部経済統計課長**

Director, Economic Statistics Division, Statistical Survey Department Statistics Bureau

## 上 田 　 聖 （うえだ　せい）

昭和46年1月13日生.　広島県出身.
東京理科大学大学院修了

| | |
|---|---|
| 平成7年4月 | 総務庁入庁 |
| 平成23年7月 | 独立行政法人統計センター総務部総務課長 |
| 平成25年4月 | 独立行政法人統計センター経営企画室長 |
| 平成25年6月 | 総務省統計局総務課調査官 |
| 平成26年7月 | 総務省統計局統計調査部消費統計課物価統計室長 |
| 平成27年7月 | 総務省統計審査官（政策統括官付）（併：内閣府大臣官房統計委員会担当室参事官） |
| 平成28年4月 | 総務省統計審査官（政策統括官付）（併：総務省統計委員会担当室次長） |
| 令和元年7月 | 総務省大臣官房付 併任 政策統括官付 併任 統計改革実行推進室参事官（政策統括官付）併任 統計委員会担当室次長（政策統括官付）併任 内閣官房副長官補付 命 内閣官房統計改革推進室参事官 |
| 令和2年7月 | 総務省統計局統計調査部経済統計課長 |

**総務省統計局統計調査部消費統計課長**

Director Consumer Statistics Division Statistical Survey Department Statistics Bureau

## 山 形 成 彦 （やまがた　なるひこ）

昭和49年10月15日生.
岡山県立岡山朝日高等学校,
大阪大学大学院理学研究科数学専攻

| | |
|---|---|
| 平成12年4月 | 総務庁入庁 |
| 平成24年8月 | 総務省統計局統計調査部経済統計課課長補佐 |
| 平成27年7月 | 総務省統計局統計調査部調査企画課課長補佐 |
| 平成28年7月 | 総務省統計局総務課課長補佐 |
| 平成29年7月 | 総務省統計局統計調査部国勢統計課調査官 併任 統計局総務課 併任 内閣官房副長官補付企画官 併任 統計改革実行推進室企画官（政策統括官付） |
| 平成30年7月 | 総務省政策統括官付統計企画管理官付企画官 |
| 令和元年7月 | 総務省統計局統計調査部消費統計課物価統計室長 |
| 令和3年7月 | 総務省統計局統計調査部消費統計課長 |

総務省政策統括官（統計制度担当）（恩給担当）
命 統計改革実行推進室長
Director-General for Policy Planning

# 吉 開 正治郎（よしかい　しょうじろう）

昭和37年11月26日生．福岡県出身．
東京大学経済学部

| | |
|---|---|
| 昭和62年 4 月 | 総務庁入庁 |
| 平成14年 8 月 | 総務省行政管理局企画調整課行政手続室長 |
| 平成15年 9 月 | 総務省大臣官房付 命 大臣秘書官事務取扱 |
| 平成17年10月 | 総務省行政評価局総務課企画官 |
| 平成18年 7 月 | 総務省行政評価局政策評価官 |
| 平成20年 7 月 | 総務省行政管理局管理官（国土交通） |
| 平成22年 8 月 | 総務省人事・恩給局人事政策課長 併任 人事・恩給局（労働・国際担当） |
| 平成24年 7 月 | 総務省人事・恩給局参事官（服務・勤務時間・人事評価、任用・交流担当） |
| 平成24年 9 月 | 総務省大臣官房参事官 |
| 平成25年 6 月 | 総務省行政評価局評価監視官（独立行政法人第一担当 兼 独立行政法人第二、特殊法人等担当） |
| 平成26年 4 月 | 総務省行政評価局行政相談課長 |
| 平成27年 7 月 | 総務省行政評価局総務課長 |
| 平成28年 6 月 | 総務省大臣官房秘書課長 |
| 平成29年 7 月 | 総務省大臣官房審議官（行政評価局担当） |
| 平成30年 7 月 | 総務省大臣官房審議官（行政管理局担当） |
| 令和元年 7 月 | 総務省大臣官房政策立案総括審議官 併任 公文書監理官 |
| 令和 2 年 7 月 | 総務省政策統括官（統計基準担当）（恩給担当）命 統計改革実行推進室長 |
| 令和 3 年 7 月 | 総務省政策統括官（統計制度担当）（恩給担当）命 統計改革実行推進室長 |

**総務省大臣官房審議官（統計局、統計制度、統計情報戦略推進、恩給担当）命 統計改革実行推進室次長**

## 明　渡　　将（あけど　すすむ）

昭和41年12月29日生．和歌山県出身．
和歌山県立那賀高校，東京大学経済学部

| | |
|---|---|
| 平成 2 年 4 月 | 総理府入府 |
| 平成 5 年 5 月 | 国際連合カンボジア平和協力隊隊員（選挙監視）（〜 5 年 6 月） |
| 平成17年 8 月 | 総務省大臣官房政策評価広報課企画官 |
| 平成18年 7 月 | 総務省行政管理局個人情報保護室長 兼 情報公開推進室長 |
| 平成20年 7 月 | 年金記録確認中央第三者委員会事務室首席主任調査員 |
| 平成23年 7 月 | 内閣府行政刷新会議事務局参事官 |
| 平成25年 1 月 | 内閣官房行政改革推進本部事務局参事官 |
| 平成25年 6 月 | 総務省行政評価局評価監視官（内閣、規制改革等担当） |
| 平成27年 7 月 | 内閣府公益認定等委員会事務局総務課長 |
| 平成30年 7 月 | 内閣府公益認定等委員会事務局次長 |
| 令和元年 7 月 | 総務省大臣官房政策評価広報課 併任 政策立案支援室長 |
| 令和 2 年 8 月 | 総務省公害等調整委員会事務局次長 |
| 令和 3 年 7 月 | 総務省大臣官房審議官（統計局、統計制度、統計情報戦略推進、恩給担当）命 統計改革実行推進室次長 |

**総務省統計企画管理官（政策統括官付）併任 統計改革実行推進室参事官（政策統括官付）併任 統計作成プロセス改善推進室室長（政策統括官付）**
Director for Statistical Planning

# 佐 藤 紀 明 （さとう　のりあき）

昭和44年5月13日生．秋田県出身．
秋田県立秋田高等学校，東北大学法学部

平成5年4月　総理府入府　平成12年7月　経済企画庁国民生活局国民生活調査課課長補佐　平成13年1月　内閣府政策統括官（経済財政―経済社会システム）付参事官（市場システム）付参事官補佐　平成13年4月　併任 内閣府本府総合規制改革会議事務室室長補佐　平成14年8月　総務省行政管理局情報公開推進室副管理官　平成16年7月　総務省自治行政局地域振興課課長補佐 併任 総務省自治行政局地域振興課過疎対策室課長補佐　平成19年4月　総務省自治行政局自治政策課国際室課長補佐　平成19年8月　総務省行政評価局総務課課長補佐　平成20年7月　行政改革推進本部事務局企画官　平成21年7月　総務省大臣官房企画官（大臣官房総務課管理室・特別基金事業推進室担当）　平成23年10月　併任 総務省大臣官房企画課企画官 併任 総務省大臣官房企画課情報システム室長　平成24年7月　総務省大臣官房参事官（大臣官房総務課管理室・特別基金事業推進室担当）　平成25年6月　復興庁統括官付参事官　平成27年9月　内閣官房内閣参事官（内閣人事局）　平成29年7月　独立行政法人統計センター経営審議室長　平成31年1月　独立行政法人統計センター総務部長　令和元年7月　総務省統計局統計調査部調査企画課長　令和2年7月　併任 統計情報利用推進課長　令和3年7月　総務省統計企画管理官（政策統括官付）併任 統計改革実行推進室参事官（政策統括官付）併任 統計作成プロセス改善推進室室長（政策統括官付）

**総務省統計審査官（政策統括官付）**
Director for Statistical Clearance

# 内 山 昌 也 （うちやま　まさや）

昭和40年7月3日生．京都府出身．
神戸大学法学部

昭和63年4月　総務庁入庁
平成27年4月　総務省国際統計企画官（政策統括官付国際統計管理官付）
平成31年2月　併任 総務省統計委員会担当室企画官（政策統括官付）
令和2年4月　総務省統計審査官（政策統括官付）

**総務省統計審査官（政策統括官付）併任 統計改革実行推進室参事官（政策統括官付）**

長　嶺　行　信（ながみね　ゆきのぶ）

昭和43年9月12日生．青森県出身．

平成30年7月　復興庁統括官付参事官
令和元年7月　一般財団法人建設経済研究所研究理事
令和3年7月　総務省統計審査官（政策統括官付）併任 統計改革実行推
　　　　　　　進室参事官（政策統括官付）

---

**総務省統計審査官（政策統括官付）併任 統計改革実行推進室参事官（政策統括官付）**

Director for Statistical Clearance

中　村　英　昭（なかむら　ひであき）

昭和51年3月24日生．千葉県出身．
東京大学理学部

平成26年7月　総務省統計局総務課長補佐
平成27年8月　総務省統計局統計調査部調査企画課調査官
平成30年4月　総務省統計局統計調査部消費統計課物価統計室長
令和元年7月　総務省統計局統計調査部国勢統計課労働力人口統計室長
令和2年7月　総務省統計改革実行推進室参事官（政策統括官付）併任
　　　　　　　内閣官房内閣参事官（内閣官房副長官補付）命 内閣官房
　　　　　　　統計改革推進室参事官
令和3年4月　総務省統計審査官（政策統括官付）併任 統計改革実行推
　　　　　　　進室参事官（政策統括官付）

**総務省統計調整官（政策統括官付）併任 統計委員会担当室次長（政策統括官付）**

## 栗 原 直 樹（くりはら　なおき）

昭和44年9月2日生生．群馬県出身．
群馬県立高崎高校，東京大学理学部

| | |
|---|---|
| 平成5年4月 | 総理府入府 |
| 平成17年11月 | 総務省大臣官房企画課課長補佐 |
| 平成18年9月 | 総務省大臣官房総務課長補佐 |
| 平成20年8月 | 総務省統計局統計調査部調査企画課調査官 |
| 平成21年7月 | 総務省統計局統計調査部国勢統計課労働力人口統計室長 |
| 平成24年7月 | 総務省統計局統計調査部消費統計課物価統計室長 |
| 平成26年7月 | 総務省統計局統計調査部消費統計課長 |
| 平成28年6月 | 農林水産省大臣官房統計部統計企画管理官 |
| 平成30年7月 | 総務省統計局統計利用推進課長 |
| 平成31年2月 | 総務省統計局統計調査部消費統計課長 |
| 平成31年4月 | 統計委員会担当室次長（政策統括官付）を併任 |
| 令和元年7月 | 総務省統計審査官（政策統括官付）併任 政策統括官付統計企画管理官付 併任 統計委員会担当室次長（政策統括官付） |
| 令和3年4月 | 総務省統計調整官（政策統括官付）併任 統計委員会担当室次長（政策統括官付） |

**総務省国際統計管理官（政策統括官付）併任 統計改革実行推進室参事官（政策統括官付）**
Director for International Statistical Affairs

## 平 野 欧里絵（ひらの　おりえ）

| | |
|---|---|
| 平成11年4月 | 総理府入府 |
| 平成27年7月 | 総務省行政評価局企画課企画官 |
| 平成29年7月 | 内閣官房内閣人事局企画官 |
| 平成30年7月 | 外務省在ジュネーブ国際機関日本政府代表部参事官 |
| 令和3年8月 | 総務省国際統計管理官（政策統括官付）併任 統計改革実行推進室参事官（政策統括官付） |

**総務省恩給管理官（政策統括官付）**

# 熊 木 利 行（くまき　としゆき）

昭和36年4月13日生．新潟県出身．
駒澤大学法学部

昭和55年4月　総理府入府
平成19年4月　総務省人事・恩給局恩給企画課課長補佐
平成24年4月　総務省人事・恩給局総務課調査官
平成26年4月　総務省人事・恩給局総務課恩給審理官
平成26年5月　総務省恩給審理官（政策統括官付恩給企画管理官付）
平成29年4月　総務省恩給審査官（政策統括官付恩給企画管理官付）
令和2年4月　総務省恩給企画管理官（政策統括官付）
令和3年4月　総務省恩給管理官（政策統括官付）

## 消防団員の推移

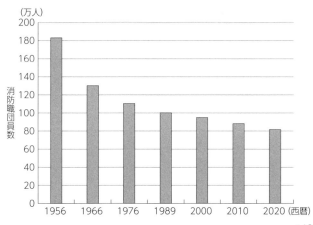

（出典）総務省消防庁消防団に関する数値データ公表サイト＊10
「令和3年版情報通信白書」より

## 総務省サイバーセキュリティ統括官
Director-General for Cyber Security

# 巻 口 英 司 （まきぐち　えいじ）

昭和37年11月生．神奈川県出身．
神奈川県立横浜翠嵐高校，東京大学経済学部

| | |
|---|---|
| 昭和61年 | 郵政省入省 |
| 昭和63年 | 米国留学（エール大） |
| 平成13年 | 総務省総合通信基盤局多国間経済室長 |
| 平成16年 | 国際通信経済研究所（在ワシントン） |
| 平成18年 | 内閣官房IT担当室参事官 |
| 平成20年 | 総務省情報通信国際戦略局国際経済課長 |
| 平成22年 | 総務省総合通信基盤局電波部衛星移動通信課長 |
| 平成24年 | 総務省情報通信国際戦略局国際政策課長 |
| 平成26年 | 総務省情報通信国際戦略局参事官（国際競争力強化戦略担当） |
| 平成28年 | 総務省総合通信基盤局電気通信事業部長 |
| 平成29年 | 総務省情報流通行政局郵政行政部長 |
| 令和元年 | 総務省国際戦略局長 |
| 令和3年 | 総務省サイバーセキュリティ統括官 |

**総務省サイバーセキュリティ統括官付参事官（総括担当）**

# 梅 村 　 研 （うめむら　けん）

昭和44年12月生.
駒場東邦高校，東京大学経済学部

平成5年4月　郵政省入省　平成11年7月　福岡市総務企画局企画調整部課長（高度情報化担当）　平成13年7月　総務省情報通信政策局コンテンツ流通促進室室長補佐　平成16年7月　総務省情報通信政策局情報通信利用促進課課長補佐　平成17年8月　総務省情報通信政策局地域放送課課長補佐　平成18年9月　内閣官房郵政民営化推進室課長補佐　平成20年7月　総務省情報流通行政局総務課課長補佐（命）統括補佐　平成21年7月　総務省九州総合通信局放送部長　平成23年9月　総務省情報流通行政局情報流通振興課企画官（併）地域通信振興課企画官　平成25年7月　富士通株式会社シニアマネージャー（官民交流）　平成27年7月　総務省情報流通行政局地方情報化推進室長　平成28年7月　総務省情報流通行政局郵政行政部保険計理監理官　平成29年4月　文部科学省生涯学習政策局情報教育課長　平成30年8月　総務省総合通信基盤局電気通信事業部消費者行政第一課長
令和2年7月　総務省総合通信基盤局電気通信事業部データ通信課長
令和3年7月　総務省サイバーセキュリティ統括官付参事官（総括担当）

趣味　少年サッカーコーチ
学生時代の所属部　合気道

**総務省サイバーセキュリティ統括官付参事官（政策担当）**
Director, Office of the Director-General for Cybersecurity

# 高 村 　 信 （たかむら　しん）

昭和45年5月23日生．東京都出身．
開成高校，早稲田大学理工学部電気工学科，
早稲田大学大学院理工学研究科電気工学専攻

平成8年4月　郵政省入省　平成15年8月　総務省情報通信政策局情報セキュリティ対策室課長補佐 兼 内閣官房情報セキュリティ対策推進室（内閣官房情報セキュリティセンター）
平成18年7月　総務省総合通信基盤局データ通信課課長補佐
平成20年7月　総務省総合通信基盤局事業政策課課長補佐
平成22年7月　総務省情報通信国際戦略局研究推進室課長補佐
平成24年8月　総務省情報通信国際戦略局技術政策課統括補佐
平成26年8月　独立行政法人情報通信研究機構経営企画部シニアマネージャ
平成28年7月　総務省情報通信国際戦略局国際戦略企画官 兼 総合通信基盤局データ通信課企画官
平成30年7月　総務省国際戦略局技術政策課研究推進室長 兼 内閣府政策統括官（科学技術・イノベーション担当）付
令和2年7月　総務省サイバーセキュリティ統括官付参事官（政策担当）

**総務省サイバーセキュリティ統括官付参事官（国際担当）**
Director, Office of the Director-General for Cybersecurity

# 海 野 敦 史（うみの　あつし）

昭和46年9月29日生．東京都出身．
私立桐蔭学園高校，東京大学教養学部，
英国ケンブリッジ大学大学院修士課程（M.Phil.）

| | |
|---|---|
| 平成 6 年 4 月 | 郵政省入省 |
| 平成24年 8 月 | 総務省総合通信基盤局電気通信事業部料金サービス課企画官 |
| 平成25年 7 月 | 一般財団法人マルチメディア振興センターワシントン事務所長 |
| 平成28年 7 月 | 国土交通省道路局路政課道路利用調整室長 |
| 平成30年 7 月 | 総務省行政評価局評価監視官（農林水産、防衛担当） |
| 令和 2 年 7 月 | 総務省サイバーセキュリティ統括官付参事官（国際担当） |

主要著書　『情報収集解析社会と基本権』（尚学社、2021年）、『通信の自由と通信の秘密―ネットワーク社会における再構成』（尚学社、2018年）、『『通信の秘密不可侵』の法理―ネットワーク社会における法解釈と実践』（勁草書房、2015年）、『行政法綱領―行政法学への憲法学的接近―』（晃洋書房、2011年）、『公共経済学への招待』（晃洋書房、2010年）ほか

災害放送に関するコミュニティ放送事業者との協定の締結状況

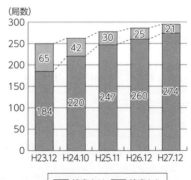

（出典）総務省「放送を巡る諸課題に関する検討会」（第2回配布資料）（2020）[66]

「令和3年版情報通信白書」より

**総務省行政不服審査会事務局総務課長**

# 谷 輪 浩 二（たにわ こうじ）

神奈川県出身.
東京大学経済学部

| | |
|---|---|
| 平成 6 年 4 月 | 総務庁入庁 |
| 平成20年 8 月 | 総務省官房総務課長補佐 |
| 平成22年 7 月 | 総務省行政管理局調査官 |
| 平成23年 7 月 | 総務省官房会計課企画官 兼 会計課庁舎管理室長 |
| 平成24年 8 月 | 総務省人事・恩給局総務課企画官 |
| 平成26年 5 月 | 総務省行政管理局企画調整課企画官 |
| 平成26年 7 月 | 総務省統計審査官（政策統括官付） |
| 平成29年 1 月 | 併任 政策統括官付 |
| 平成29年 7 月 | 内閣府参事官（市場システム担当）（政策統括官（経済社会システム担当）付）併任 内閣府本府規制改革推進室参事官 |
| 令和元年 8 月 | 農林水産省大臣官房統計部統計企画管理官 |
| 令和 3 年 8 月 | 総務省行政不服審査会事務局総務課長 |

### 郵便事業の収支（2019年度）

（億円）

| 年度 | 2014 | 2015 | 2016 | 2017 | 2018 | 2019 |
|---|---|---|---|---|---|---|
| 営業利益 | 115 | 123 | 128 | 242 | 455 | 376 |

※日本郵便株式会社の郵便事業の収支の状況を示している。

（出典）日本郵便㈱「郵便事業の収支の状況」を基に作成

「令和 3 年版情報通信白書」より

**総務省大臣官房審議官（行政評価局担当）併任 情報公開・個人情報保護審査会事務局長**

# 吉牟田　　　剛（よしむた　つよし）

昭和37年 9 月29日生．長崎県出身．
長崎県立佐世保西高校，東京大学経済学部経済学科，
ハーバード大学ケネディ・スクール，大阪大学博士（国際公共政策）

| | |
|---|---|
| 昭和63年 4 月 | 総理府入府 |
| 平成11年 7 月 | 在アメリカ合衆国日本国大使館一等書記官 |
| 平成14年 9 月 | 内閣官房行革事務局公務員制度等改革推進室企画官 |
| 平成16年 8 月 | 総務省人事・恩給局企画官 |
| 平成16年 9 月 | 行政改革大臣秘書官事務取扱 |
| 平成17年10月 | 内閣官房行革事務局行政改革推進調整室企画官 |
| 平成19年 7 月 | 内閣官房内閣広報室内閣参事官（官邸報道室長） |
| 平成21年 7 月 | 総務省行政管理局管理官（情報担当） |
| 平成21年10月 | 総務省行政管理局行政情報システム企画課長 |
| 平成24年 7 月 | 総務省人事・恩給局人事政策課長 |
| 平成25年 6 月 | 総務省人事・恩給局恩給企画課長 |
| 平成26年 5 月 | 総務省恩給企画管理官（政策統括官付） |
| 平成26年 7 月 | 総務省大臣官房政策評価広報課長 |
| 平成27年 7 月 | 総務省統計企画管理官（政策統括官付） |
| 平成29年 7 月 | 内閣府大臣官房審議官（地方分権改革担当）併任 内閣府本府地方分権改革推進室次長 併任 内閣官房内閣審議官（内閣官房副長官補付） |
| 平成30年 5 月 | 総務省公害等調整委員会事務局次長 |
| 令和 2 年 7 月 | 総務省大臣官房審議官（行政評価局担当）併任 情報公開・個人情報保護審査会事務局長 |

**総務省情報公開・個人情報保護審査会事務局総務課長**

# 福　田　　　勲（ふくだ　いさお）
山形県出身.

| | |
|---|---|
| 平成28年6月 | 厚生労働省社会・援護局援護・業務課長 |
| 平成30年7月 | 内閣官房内閣参事官（内閣官房副長官補付）併任 内閣府参事官（総括担当）（政策統括官（経済財政運営担当）付）併任 内閣府本府地方分権改革推進室参事官 |
| 令和2年7月 | 総務省情報公開・個人情報保護審査会事務局総務課長 |

### 総引受郵便物等物数の推移（2020年度）

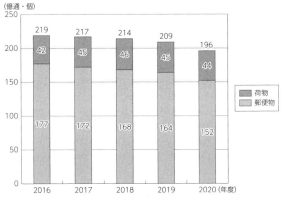

※ゆうパック及びぴゆうメールは、郵政民営化後、郵便法に基づく小包郵便物ではなく、貨物自動車運送事業法等に基づく荷物として提供。

（出典）日本郵便㈱資料「引受郵便物等物数」各年度版を基に作成

「令和3年版情報通信白書」より

**総務省官民競争入札等監理委員会事務局長 併任 行政管理局公共サービス改革推進室長**

# 渡 部 良 一 （わたなべ　りょういち）

昭和41年6月10日生．新潟県出身．
慶應義塾大学経済学部

| | |
|---|---|
| 平成元年4月 | 経済企画庁入庁 |
| 平成24年4月 | 内閣府大臣官房政策評価広報課長 |
| 平成25年8月 | 内閣府経済社会総合研究所上席主任研究官 兼 内閣官房内閣参事官（内閣官房副長官補付） |
| 平成28年1月 | 内閣府大臣官房企画調整課長 兼 迎賓館運営の在り方検討室次長 |
| 平成30年8月 | 内閣官房内閣参事官（内閣情報調査室） |
| 令和2年8月 | 総務省官民競争入札等監理委員会事務局長 併任 行政管理局公共サービス改革推進室長 兼 内閣府大臣官房審議官（消費者委員会、規制改革推進室次長） |

総務省官民競争入札等監理委員会事務局参事官 併任 行政管理局公共サービス改革推進室参事官

# 長 瀬 正 明（ながせ　まさみつ）

昭和44年4月17日生．東京都出身．
東京大学法学部

| | |
|---|---|
| 平成6年4月 | 総務庁入庁 |
| 平成23年9月 | 総務省行政管理局調査官 |
| 平成25年6月 | 総務省行政評価局総務課企画官 |
| 平成27年7月 | 内閣官房内閣参事官（内閣官房副長官補付）命 内閣官房行政改革推進本部事務局参事官 |
| 平成28年6月 | 総務省行政評価局企画課長 |
| 平成30年7月 | 内閣府参事官（市場システム担当）（政策統括官（経済社会システム担当）付）併任 内閣府本府規制改革推進室参事官 |
| 令和3年7月 | 総務省官民競争入札等監理委員会事務局参事官 併任 行政管理局公共サービス改革推進室参事官 |

事務局等

引受信書便物数の推移（2019年度）

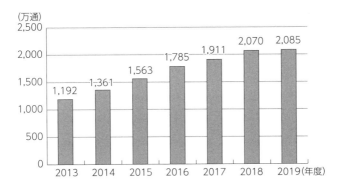

（万通）

| 2013 | 2014 | 2015 | 2016 | 2017 | 2018 | 2019(年度) |
|---|---|---|---|---|---|---|
| 1,192 | 1,361 | 1,563 | 1,785 | 1,911 | 2,070 | 2,085 |

「令和3年版情報通信白書」より

**総務省大臣官房総括審議官（広報、政策企画（主））（併）電気通信紛争処理委員会事務局長**
Director-General for Policy Coordination/Director-General,
Telecommunications Dispute Settlement Commission's Secretariat

# 鈴 木 信 也 (すずき　しんや)

昭和40年4月16日生．千葉県出身．
私立開成高校，東京大学法学部

| | |
|---|---|
| 平成元年4月 | 郵政省入省 |
| 平成13年7月 | 総務省郵政事業庁総務部人事課課長補佐 |
| 平成15年4月 | 青森県企画振興部次長 |
| 平成16年4月 | 青森県企画政策部理事 |
| 平成17年4月 | 総務省郵政行政局郵便企画課国際企画室長 |
| 平成17年8月 | 総務省郵政行政局総務課総合企画室長 |
| 平成19年10月 | 総務省大臣官房秘書課調査官 |
| 平成21年7月 | 総務省総合通信基盤局電波部基幹通信課長（併）消防庁国民保護・防災部参事官 |
| 平成22年7月 | 総務省総合通信基盤局電気通信事業部消費者行政課長 |
| 平成23年9月 | 人事院人材局交流派遣専門員 |
| 平成25年7月 | 総務省情報流通行政局衛星・地域放送課長 |
| 平成28年6月 | 総務省情報流通行政局放送政策課長（併）情報通信国際戦略局参事官（通信・放送総合戦略担当） |
| 平成29年7月 | 総務省情報流通行政局総務課長 |
| 平成30年7月 | 総務省大臣官房参事官（秘書課担当） |
| 令和2年7月 | 総務省総合通信基盤局電波部長 |
| 令和3年7月 | 総務省大臣官房総括審議官（広報、政策企画（主））（併）電気通信紛争処理委員会事務局長 |

## 総務省電気通信紛争処理委員会事務局参事官

Deputy Director-General Telecommunications Dispute Settlement
Commission's Secretariat

# 片 桐 広 逸 （かたぎり　こういち）

昭和43年3月16日生．山形県出身．
慶應義塾大学経済学部

| | |
|---|---|
| 平成4年4月 | 郵政省入省 |
| 平成19年7月 | 総務省総合通信基盤局電気通信事業部高度通信網振興課推進官 |
| 平成20年7月 | 総務省総合通信基盤局電気通信事業部電気通信技術システム課安全・信頼性対策室長 |
| 平成24年7月 | 総務省情報通信国際戦略局技術政策課国際共同研究企画官 |
| 平成25年12月 | 総務省情報通信国際戦略局国際戦略企画官 |
| 平成26年8月 | 総務省情報流通行政局地域通信振興課地域情報通信振興支援官 |
| 平成28年7月 | 総務省総合通信基盤局総務課情報通信政策総合研究官 |
| 平成29年7月 | 総務省総合通信基盤局電波部電波政策課 兼 電波環境課認証推進室長 |
| 平成30年4月 | 総務省総合通信基盤局電波部移動通信課移動通信企画官 |
| 令和元年7月 | 総務省総合通信基盤局電波部基幹・衛星移動通信課長 |
| 令和3年7月 | 総務省電気通信紛争処理委員会事務局参事官 |

主要著書　「決定版5G」東洋経済新報社、2年5月刊

## 総務省電波監理審議会審理官

Hearing Examiner, Radio Regulatory Council

# 越 後 和 徳 （えちご　かずのり）

昭和43年7月22日生．宮城県出身．
宮城県古川高校，東北大学工学部，
東北大学大学院工学研究科

| | |
|---|---|
| 平成5年4月 | 郵政省入省 |
| 平成20年7月 | 独立行政法人情報通信研究機構理事長秘書 |
| 平成22年7月 | 総務省総合通信基盤局電波部移動通信課新世代移動通信システム推進室長 |
| 平成23年5月 | 総務省東北総合通信局東日本大震災復興対策支援室長 |
| 平成25年7月 | 総務省総合通信基盤局電波部電波政策課電波利用料企画室長 |
| 平成27年8月 | 総務省総合通信基盤局電波部基幹通信課重要無線室長 |
| 平成28年7月 | 総務省情報通信国際戦略局技術政策課研究推進室長 |
| 平成29年7月 | 内閣官房内閣参事官 |
| 令和2年7月 | 総務省総合通信基盤局電気通信事業部電気通信技術システム課長 |
| 令和3年7月 | 総務省電波監理審議会審理官 |

**総務省自治大学校長**

# 村　手　　聡（むらて　さとし）

昭和39年10月5日生．愛知県出身．
東京大学法学部

| 昭和63年4月 | 自治省入省 |
|---|---|
| 昭和63年7月 | 富山県総務部地方課 |
| 平成元年10月 | 自治省行政局公務員部福利課 |
| 平成3年5月 | 自治省財政局調整室 |
| 平成5年4月 | 八戸市財政部長 |
| 平成7年7月 | 熊本県環境総務課長（8年4月　文化企画課長、9年4月　財政課長） |
| 平成11年7月 | 自治省財政局公営企業第二課課長補佐 |
| 平成11年10月 | 自治省大臣官房総務課秘書専門職 |
| 平成13年1月 | 総務省自治財政局財務調査課課長補佐 |
| 平成14年3月 | 総務省自治財政局調整課課長補佐 |
| 平成15年4月 | 高知県森林局長 |
| 平成17年4月 | 総務省情報通信政策局地域通信振興課地方情報化推進室長 |
| 平成18年7月 | 岡山市助役（19年4月　副市長） |
| 平成22年7月 | 総務省政治資金適正化委員会事務局参事官 |
| 平成23年5月 | 内閣官房被災地復興に関する法案等準備室参事官 |
| 平成23年6月 | 東日本大震災復興対策本部事務局参事官 |
| 平成24年2月 | 復興庁参事官 |
| 平成25年6月 | 総務省自治税務局固定資産税課長 |
| 平成27年8月 | 群馬県副知事 |
| 平成29年7月 | 総務省地域力創造グループ地域政策課長 |
| 平成30年7月 | 地方公務員共済組合連合会理事 |
| 令和元年7月 | 内閣府大臣官房審議官（防災担当）併任 内閣官房副長官補付 命 内閣官房国土強靱化推進室審議官 |
| 令和3年7月 | 総務省自治大学校長 |

**総務省情報通信政策研究所長**
Director-General, Institute for Information and Communications Policy

# 高 地 圭 輔（たかち　けいすけ）

昭和43年12月19日生．　東京都出身．
私立武蔵高等学校，東京大学法学部，
九州大学大学院経済学府博士後期課程

平成 3 年 4 月　郵政省入省
平成18年 8 月　総務省情報通信政策局総合政策課課長補佐
平成19年 7 月　総務省総合通信基盤局市場評価企画官
平成21年 7 月　総務省地域力創造グループ地域情報政策室長
平成23年 7 月　人事院出向（官民交流、株式会社インターネットイニシ
　　　　　　　　アティブ）
平成25年 7 月　総務省情報通信国際戦略局国際経済課長
平成26年 7 月　総務省情報通信国際戦略局付
平成28年 6 月　総務省情報通信国際戦略局参事官（インターネット国際
　　　　　　　　戦略担当）
平成29年 7 月　総務省総合通信基盤局電波部基幹・衛星移動通信課長
平成30年 7 月　総務省国際戦略局国際政策課長
令和元年 7 月　総務省大臣官房会計課長 併：予算執行調査室長
令和 2 年 7 月　総務省情報通信政策研究所長

施設等機関・特別の機関

主要著書　「自治体クラウド」学陽書房、2011年 9 月（共著），「The Smart Revolution Towards the Sustainable Digital Society」Edward Edgar、2015年 9 月（共著）
資格　博士（経済学、九州大学）

**総務省統計研究研修所長**
Director-General Statistical Research and Training Institute

# 植 山 克 郎 （うえやま　かつろう）

昭和40年9月6日生．栃木県出身．
栃木県立足利高校，東京大学法学部

| | |
|---|---|
| 平成元年4月 | 総務庁入庁 |
| 平成17年4月 | 内閣府企画官（共生社会政策担当） |
| 平成17年10月 | 内閣府大臣官房総務課企画官 |
| 平成18年4月 | 内閣府賞勲局調査官 |
| 平成18年7月 | 内閣府賞勲局審査官 |
| 平成19年4月 | 内閣府参事官（共生社会政策国際担当） |
| 平成20年4月 | 福岡大学教授 |
| 平成22年4月 | 総務省行政管理局行政手続・制度調査室長 |
| 平成22年7月 | 総務省行政管理局管理官 |
| 平成24年4月 | 総務省行政管理局管理官（行政通則法） |
| 平成26年7月 | 総務省統計局統計調査部調査企画課長 |
| 平成28年4月 | 総務省行政不服審査会事務局総務課長 |
| 平成31年4月 | 独立行政法人統計センター経営審議役 |
| 令和3年7月 | 総務省統計研究研修所長 |

## 総務省政治資金適正化委員会事務局長

# 植 村 　 哲 （うえむら　さとし）

昭和44年 5 月 7 日生．東京都出身．
東京大学法学部

| | |
|---|---|
| 平成 4 年 4 月 | 自治省 |
| 平成11年 4 月 | 鹿児島県企画部離島振興課長 |
| 平成13年 4 月 | 鹿児島県商工観光労働部商工政策課長 |
| 平成14年 4 月 | 鹿児島県総務部財政課長 |
| 平成15年10月 | 総務省自治行政局公務員部公務員課給与能率推進室課長補佐 |
| 平成16年 7 月 | 在フランス日本国大使館 |
| 平成19年 7 月 | 総務省自治行政局公務員部公務員課理事官 |
| 平成22年 4 月 | 石川県企画振興部長 兼 都心地区整備構想推進室長 |
| 平成23年 7 月 | 石川県総務部長 |
| 平成25年 4 月 | 総務省自治行政局地域政策課国際室長 |
| 平成28年 7 月 | 総務省自治財政局公営企業課準公営企業室長 |
| 平成29年 4 月 | 京都市副市長 |
| 平成31年 4 月 | 総務省自治行政局公務員部福利課長 |
| 令和元年 7 月 | 総務省大臣官房参事官（秘書課担当） |
| 令和 2 年 7 月 | 総務省自治行政局公務員部公務員課長 併任 内閣府本府地方分権改革推進室参事官 |
| 令和 3 年 7 月 | 総務省政治資金適正化委員会事務局長 |

施設等機関・特別の機関

## 総務省政治資金適正化委員会事務局参事官

# 三 島 由 佳（みしま ゆか）

昭和47年 2 月 3 日生．兵庫県出身．
京都大学法学部

| | |
|---|---|
| 平成 8 年 4 月 | 郵政省入省 |
| 平成21年 9 月 | 総務省情報流通行政局衛星・地域放送課地域放送推進室課長補佐 |
| 平成23年 6 月 | 総務省情報通信政策研究所調査研究部主任研究官 |
| 平成26年 8 月 | 総務省紛争処理委員会事務局紛争処理調査官 |
| 平成28年 7 月 | 総務省情報流通行政局衛星・地域放送課企画官 併任 情報流通行政局放送政策課 |
| 令和元年 7 月 | 総務省情報流通行政局情報通信作品振興課長 |
| 令和 3 年 7 月 | 総務省政治資金適正化委員会事務局参事官 |

Ｊアラートによる自動起動が可能な情報伝達手段の保有状況（手段数別）

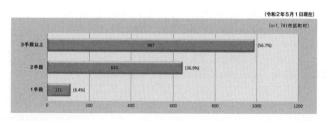

「令和 2 年版消防白書」より

**総務省北海道管区行政評価局長**
Director‐General of the Hokkaido Regional Administrative
Evaluation Bureau

鈴 木 一 広（すずき　かずひろ）

|  | 総務省電気通信紛争処理委員会事務局紛争処理調査官を経て |
|---|---|
| 平成24年3月 | 総務省電気通信紛争処理委員会事務局参事官 |
| 平成24年7月 | 総務省大臣官房付 併任 内閣官房内閣参事官（内閣官房副長官補付）命内閣官房情報通信技術（IT）担当室室員 |
| 平成26年7月 | 消費者庁消費者政策課長 |
| 平成28年8月 | 総務省行政評価局評価監視官（農林水産、環境、防衛担当） |
| 平成29年7月 | 総務省行政評価局評価監視官（農林水産、防衛担当） |
| 平成30年7月 | 日本郵政株式会社経営企画部付部長 |
| 令和3年7月 | 総務省北海道管区行政評価局長 |

地方管区
行政評価局

**総務省東北管区行政評価局長**

Director-General of the Tohoku Regional Administrative Evaluation
Bureau

# 大　高　光　三（おおたか　こうぞう）

昭和37年 2 月15日生．茨城県出身．
東京大学経済学部

| | |
|---|---|
| 昭和60年 4 月 | 郵政省採用 |
| 平成11年 7 月 | 運輸省運輸政策局貨物流通企画課貨物流通システム高度化推進室長 |
| 平成13年 1 月 | 国土交通省政策統括官付政策調整官付貨物流通システム高度化推進調整官 |
| 平成13年 7 月 | 郵政事業庁郵務部運行課総括専門官（国際郵便担当） |
| 平成14年 7 月 | 内閣府情報公開審査会事務局審査官 |
| 平成17年 4 月 | 内閣府情報公開・個人情報保護審査会事務局審査官 |
| 平成17年 8 月 | 総務省東北総合通信局総務部長 |
| 平成18年 7 月 | 総務省郵政行政局検査監理官 |
| 平成19年10月 | 独立行政法人郵便貯金・簡易生命保険管理機構保険部長 |
| 平成22年 7 月 | 独立行政法人郵便貯金・簡易生命保険管理機構総務部長 |
| 平成24年 7 月 | 日本郵政株式会社不動産部門施設部企画役 |
| 平成27年 4 月 | 日本郵政株式会社不動産部門施設部付部長 |
| 平成30年 4 月 | 日本郵政株式会社執行役 |
| 令和 3 年 7 月 | 総務省東北管区行政評価局長 |

**総務省関東管区行政評価局長**
Director-General of the Kanto Regional
Administrative Evaluation Bureau

**米 澤 俊 介**（よねざわ　しゅんすけ）

昭和39年3月9日生. 静岡県出身.
東北大学法学部

| | |
|---|---|
| 昭和62年4月 | 総理府大臣官房人事課 |
| 平成元年4月 | 総務庁行政管理局管理官付 |
| 平成3年4月 | 総務庁行政監察局企画調整課 |
| 平成6年7月 | 郵政省電気通信局電気通信事業部データ通信課課長補佐 |
| 平成8年8月 | 総務庁行政管理局副管理官 |
| 平成10年7月 | 総理府大臣官房総務課各省担当課長補佐 |
| 平成11年4月 | 総理府大臣官房総務課内閣第1担当課長補佐 |
| 平成13年1月 | 総務省大臣官房総務課課長補佐 |
| 平成14年6月 | 総務省人事・恩給局総務課企画官 |
| 平成15年4月 | 愛知県企画振興部次長 |
| 平成17年7月 | 総務省行政管理局企画調整課企画官 |
| 平成17年8月 | 総務省行政評価局評価監視官 |
| 平成19年4月 | 総務省大臣官房参事官 兼 大臣官房管理室特別基金事業推進室長 |
| 平成20年7月 | 総務省大臣官房参事官 兼 大臣官房総務課特別基金事業推進室長 |
| 平成20年12月 | 兼 総務省大臣官房総務課管理室長 |
| 平成21年7月 | 農林水産省大臣官房参事官（兼 農村振興局） |
| 平成23年7月 | 総務省公害等調整委員会事務局総務課長 |
| 平成25年7月 | 総務省大臣官房付 兼 内閣府本府地方分権改革推進室参事官 |
| 平成27年7月 | 内閣府公益認定等委員会事務局次長 兼 内閣府大臣官房公益法人行政担当室次長 |
| 平成28年6月 | 総務省東北管区行政評価局長 |
| 平成30年7月 | 総務省中国四国管区行政評価局長 |
| 令和元年7月 | 内閣府公益認定等委員会事務局長 併任 内閣府大臣官房公益法人行政担当室長 |
| 令和2年8月 | 総務省大臣官房審議官（行政評価局担当）併任 財務省大臣官房審議官（大臣官房担当） |
| 令和3年7月 | 総務省関東管区行政評価局長 |

地方管区
行政評価局

## 総務省中部管区行政評価局長

Director-General of the Chubu Regional Administrative Evaluation
Bureau

# 中　平　　真（なかだいら　まこと）

昭和40年8月生．神奈川県出身．
私立栄光学園高校，東京大学法学部

| | |
|---|---|
| 平成元年4月 | 自治省入省 |
| 平成12年4月 | 自治省行政局公務員部福利課課長補佐 |
| 平成13年1月 | 総務省自治行政局公務員部福利課課長補佐 |
| 平成13年4月 | 大阪市経済局企画部参事（デュッセルドルフ事務所駐在） |
| 平成16年7月 | 総務省自治行政局自治政策課国際室理事官 |
| 平成16年8月 | 総務省自治行政局自治政策課理事官 |
| 平成18年4月 | 広島市財政局長 |
| 平成20年4月 | 市町村職員中央研修所調査研究部長 |
| 平成21年4月 | 国立大学法人金沢大学人間社会研究域法学系教授 |
| 平成24年4月 | 地方公共団体金融機構資金部副部長 |
| 平成25年4月 | 地方公務員災害補償基金訟務課長 |
| 平成26年7月 | 地方公務員災害補償基金企画課長 |
| 平成27年10月 | 地方公務員災害補償基金事務局長 |
| 平成29年7月 | 地方公務員共済組合連合会事務局長 |
| 平成30年10月 | 本州四国連絡高速道路株式会社常務執行役員 |
| 令和2年7月 | 地方公務員災害補償基金理事 |
| 令和3年7月 | 総務省中部管区行政評価局長 |

**総務省近畿管区行政評価局長**

Director-General of the Kinki Regional Administrative Evaluation
Bureau

**森　丘　　宏**（もりおか　ひろし）

昭和38年 8 月21日生．神奈川県出身．
東京大学法学部

昭和61年 4 月　総務庁入庁
平成13年 7 月　総務省行政管理局情報公開推進室長
平成15年 1 月　総務省統計センター管理部管理課長
平成15年 4 月　独立行政法人統計センター総務部総務課長
平成15年10月　総務省大臣官房参事官
平成17年 4 月　公害等調整委員会事務局審査官
平成20年 7 月　内閣府官民競争入札等監理委員会事務局参事官
平成22年 7 月　内閣府官民人材交流センター総務課長
平成23年 7 月　農林水産省大臣官房参事官（兼 農村振興局）
平成24年 9 月　内閣府情報公開・個人情報保護審査会事務局総務課長
平成26年 7 月　内閣官房まち・ひと・しごと創生本部設立準備室参事官
平成26年 9 月　内閣官房まち・ひと・しごと創生本部事務局参事官
平成26年10月　内閣府大臣官房公文書管理課長
平成28年 6 月　日本下水道事業団監査室長
平成29年 7 月　危険物保安技術協会理事
令和元年 7 月　総務省大臣官房審議官（行政評価局担当）併任 情報公
　　　　　　　開・個人情報保護審査会事務局長
令和 2 年 7 月　総務省東北管区行政評価局長
令和 3 年 7 月　総務省近畿管区行政評価局長

**総務省中国四国管区行政評価局長**

Director-General of the Chugoku-Shikoku Regional Administrative
Evaluation Bureau

# 平 野 真 哉 (ひらの しんや)

昭和39年1月生. 広島県出身.
国立広島大学附属高等学校, 東京大学法学部

| | |
|---|---|
| 昭和63年4月 | 総務庁入庁 |
| 平成15年1月 | 総務省大臣官房会計課企画官 |
| 平成16年1月 | 総務省行政管理局行政情報システム企画課個人情報保護室長 |
| 平成17年5月 | 内閣官房行政改革推進事務局公益法人制度改革推進室企画官 |
| 平成18年8月 | 独立行政法人統計センター総務部総務課長 |
| 平成20年7月 | 総務省行政管理局管理官（情報担当） |
| 平成21年7月 | 総務省行政評価局評価監視官 |
| 平成24年9月 | 厚生労働省社会・援護局援護課長 |
| 平成26年7月 | 内閣府情報公開・個人情報保護審査会事務局総務課長 |
| 平成28年4月 | 総務省情報公開・個人情報保護審査会事務局総務課長 |
| 平成29年7月 | 総務省大臣官房政策評価広報課長 |
| 平成30年7月 | 総務省大臣官房審議官（行政評価局担当） |
| 令和元年7月 | 総務省東北管区行政評価局長 |
| 令和2年7月 | 総務省中国四国管区行政評価局長 |

**総務省四国行政評価支局長**
Director-General of the Shikoku Branch
Office of Regional Administrative Evaluation
Bureau

花 井　　光（はない　ひかる）
昭和37年 2 月17日生．千葉県出身．
千葉県立千葉東高等学校，中央大学法学部

平成 3 年 4 月　総務庁入庁
平成20年 7 月　総務省大臣官房秘書課課長補佐 兼 コンプライアンス室
平成26年 1 月　総務省行政管理局副管理官
平成26年 5 月　内閣官房内閣人事局参事官補佐
平成28年 4 月　総務省大臣官房秘書課課長補佐 兼 コンプライアンス室
平成29年 4 月　総務省行政評価局調査官
平成31年 4 月　兼 大臣官房秘書課
令和元年 7 月　総務省行政評価局企画課企画官 兼 大臣官房秘書課
令和元年 8 月　総務省大臣官房秘書課調査官
令和 2 年 4 月　兼 コンプライアンス室次長
令和 2 年 7 月　総務省行政評価局評価監視官（内閣、総務等担当）
令和 3 年 7 月　総務省四国行政評価支局長

**総務省九州管区行政評価局長**

Director-General of the Kyushu Regional Administrative Evaluation
Bureau

# 河 合　　暁（かわい　あきら）

昭和42年2月24日生．新潟県出身．
新潟県立新潟高校，東京大学法学部第Ⅰ類学科

| | |
|---|---|
| 平成2年4月 | 総理府入府 |
| 平成9年7月 | 総務庁統計局統計基準部統計企画課課長補佐 |
| 平成11年4月 | 山梨県総務部私学文書課長 |
| 平成17年8月 | 総務省統計局統計調査部経済統計課調査官 併任 政策統括官付統計企画管理官付調査官 |
| 平成19年7月 | 総務省自治行政局合併推進課行政体制整備室長 |
| 平成20年7月 | 総務省統計審査官 併 政策統括官付統計企画管理官付 併 内閣府大臣官房統計委員会担当参事官 |
| 平成21年7月 | 総務省大臣官房付 併任 地方分権改革推進委員会事務局参事官 併任 内閣府本府地方分権改革推進室参事官 |
| 平成21年12月 | 総務省大臣官房付 併任 内閣府本府地域主権戦略室参事官 |
| 平成23年7月 | 総務省行政評価局評価監視官（特命担当）併任 年金記録確認中央第三者委員会事務室　首席主任調査員 |
| 平成24年8月 | 総務省行政評価局評価監視官（農水、環境、防衛担当）併任 年金記録確認中央第三者委員会事務室首席主任調査員 |
| 平成25年6月 | 総務省公害等調整委員会事務局総務課長 |
| 平成27年7月 | 総務省大臣官房参事官　併：大臣官房総務課管理室長 |
| 平成28年6月 | 総務省大臣官房政策評価広報課長 |
| 平成29年7月 | 総務省情報公開・個人情報保護審査会事務局総務課長 |
| 令和2年7月 | 日本下水道事業団監査室長 |
| 令和3年8月 | 総務省九州管区行政評価局長 |

**総務省沖縄行政評価事務所長**
Director of the Okinawa Administrative Evaluation Office

神　里　　　豊 (かみざと　ゆたか)

沖縄県出身.
琉球大学法文学部

昭和62年4月　総務庁入庁
平成28年4月　総務省沖縄行政評価事務所総務課長
平成30年4月　総務省沖縄行政評価事務所次長
平成31年4月　総務省九州管区行政評価局地域総括評価官
令和3年7月　総務省沖縄行政評価事務所長

Jアラートの全国一斉情報伝達試験において自動起動試験を行った情報伝達手段の状況

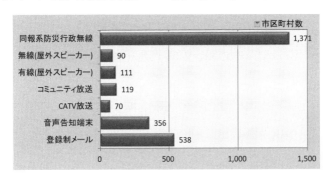

「令和2年版消防白書」より

**総務省北海道総合通信局長**
Director-General of the Hokkaido Bureau of Telecommunications

# 豊 嶋 基 暢 （とよしま　もとのぶ）

昭和42年12月生. 北海道出身.
京都大学法学部

| | |
|---|---|
| 平成 3 年 4 月 | 郵政省入省 |
| 平成 8 年 7 月 | 釧路西郵便局長 |
| 平成 9 年 7 月 | 郵政省電気通信局電気通信事業部事業政策課補佐 |
| 平成12年 7 月 | 郵政総括政務次官秘書官事務取扱 |
| 平成13年 1 月 | 総務副大臣秘書官事務取扱 |
| 平成14年 1 月 | 総務省郵政企画管理局保険企画課補佐 |
| 平成15年 2 月 | 総務省総合通信基盤局電波部電波政策課補佐 |
| 平成17年 8 月 | 総務省総合通信基盤局総務課補佐（統括補佐） |
| 平成19年 4 月 | 慶應義塾大学メディアコミュニケーション研究所准教授 |
| 平成22年 4 月 | 総務省総合通信基盤局電波部移動通信課高度道路交通システム推進官 |
| 平成25年 8 月 | 文部科学省生涯学習政策局情報教育課長 |
| 平成27年 8 月 | 総務省情報流通行政局情報通信作品振興課長 |
| 平成30年 7 月 | 総務省総合通信基盤局電波部基幹・衛星移動通信課長 併任 消防庁国民保護・防災部参事官 |
| 令和元年 7 月 | 総務省情報流通行政局放送政策課長 |
| 令和 2 年 7 月 | 総務省情報流通行政局情報通信政策課長 |
| 令和 3 年 7 月 | 総務省北海道総合通信局長 |

**総務省東北総合通信局長**

Director-General of the Tohoku Bureau of Telecommunications

## 杉 野  勲 (すぎの　いさお)

昭和40年 7 月生．神奈川県出身．
早稲田大学大学院理工学研究科

| | |
|---|---|
| 平成 2 年 4 月 | 郵政省入省 |
| 平成13年 | 在英国日本国大使館一等書記官 |
| 平成21年 7 月 | 国立大学法人九州工業大学ネットワークデザイン研究センター教授 |
| 平成23年 8 月 | 総務省情報通信国際戦略局技術政策課研究推進室長 |
| 平成24年 8 月 | 総務省総合通信基盤局電気通信事業部電気通信技術システム課長 |
| 平成26年 8 月 | 総務省総合通信基盤局電波部電波環境課長 |
| 平成28年 7 月 | 総務省総合通信基盤局電波部移動通信課長 |
| 平成30年 7 月 | 国立研究開発法人情報通信研究機構オープンイノベーション推進本部主管研究員 兼務 事務局長 |
| 令和元年 7 月 | 総務省沖縄総合通信事務所長 |
| 令和 2 年 7 月 | 総務省信越総合通信局長 |
| 令和 3 年 7 月 | 総務省東北総合通信局長 |

地方
総合通信局

**総務省関東総合通信局長**

Director-General of the Kanto Bureau of Telecommunications

## 小笠原　陽　一（おがさわら　よういち）

昭和38年7月6日生．東京都出身．
国立筑波大学附属駒場高校，東京大学法学部

| | |
|---|---|
| 昭和63年4月 | 郵政省入省（官房人事局要員訓練課） |
| 平成14年7月 | 総務省大臣官房企画課課長補佐 |
| 平成15年10月 | 総務省情報通信政策局地上放送課デジタル放送推進官 |
| 平成16年7月 | 総務省情報通信政策局放送政策課企画官 |
| 平成18年8月 | 総務省情報通信政策局コンテンツ流通促進室長 |
| 平成19年10月 | 総務省情報通信政策局情報通信作品振興課長 |
| 平成20年7月 | 総務省情報流通行政局情報通信作品振興課長 |
| 平成21年7月 | 総務省情報通信国際戦略局通信規格課長 |
| 平成23年7月 | 総務省情報流通行政局衛星・地域放送課長 |
| 平成25年6月 | 総務省情報流通行政局情報流通振興課長 |
| 平成26年1月 | 総務省情報通信国際戦略局情報通信政策課長 |
| 平成29年7月 | 総務省総合通信基盤局総務課長 |
| 平成30年7月 | 総務省大臣官房企画課長 命 国立国会図書館支部総務省図書館長 |
| 令和元年7月 | 経済産業省大臣官房審議官（ＩＴ戦略担当） |
| 令和3年7月 | 総務省関東総合通信局長 |

**総務省信越総合通信局長**
Director-General of the Shinetsu Bureau of Telecommunications

# 白 石 昌 義 （しらいし　まさよし）

昭和36年 4 月生. 福島県出身.
東北学院大学工学部

| | |
|---|---|
| 昭和59年 4 月 | 郵政省入省 |
| 平成25年 7 月 | 総務省東北総合通信局情報通信部長　併任　東日本大震災復興対策支援室長 |
| 平成28年 7 月 | 総務省総合通信基盤局電波部電波環境課監視管理室長 |
| 平成30年 7 月 | 総務省総合通信基盤局電波部基幹・衛星移動通信課重要無線室長 |
| 令和元年 7 月 | 総務省総合通信基盤局電波部電波環境課長 |
| 令和 2 年 7 月 | 総務省沖縄総合通信事務所長 |
| 令和 3 年 7 月 | 総務省信越総合通信局長 |

**総務省北陸総合通信局長**
Director-General of the Hokuriku Bureau of
Telecommunications

# 蒲 生　　孝（がもう　たかし）

昭和37年1月3日生．千葉県出身．
成田高等学校，明治大学政治経済学部経済学科

| | |
|---|---|
| 昭和60年4月 | 郵政省入省 |
| 平成7年5月 | 在パラグアイ日本国大使館二等書記官（経済協力担当） |
| 平成12年7月 | 西条郵便局長 |
| 平成13年10月 | 万国郵便連合国際事務局派遣 |
| 平成24年8月 | 総務省北海道総合通信局総務部長 |
| 平成26年8月 | 総務省情報通信国際戦略局情報通信政策課管理室長 |
| 平成27年8月 | 総務省近畿総合通信局総務部長 |
| 平成29年4月 | 国立研究開発法人情報通信研究機構経営企画部統括 兼 評価室長 |
| 平成30年4月 | 総務省電気通信紛争処理委員会事務局紛争処理調査官 |
| 令和2年7月 | 総務省東海総合通信局総務部長 |
| 令和3年7月 | 総務省北陸総合通信局長 |

**総務省東海総合通信局長**

Director-General of the Tokai Bureau of Telecommunications

# 長　塩　義　樹（ながしお　よしき）

昭和38年生．大阪府出身．
大阪府立茨木高校，大阪大学法学部

| | |
|---|---|
| 昭和63年 | 郵政省入省 |
| 平成20年7月 | 総務省総合通信基盤局電気通信事業部データ通信課長併任　情報通信国際戦略局参事官（インターネット国際戦略担当） |
| 平成22年7月 | 総務省情報通信国際戦略局参事官（通信・放送総合戦略担当） |
| 平成23年7月 | 総務省情報流通行政局郵政行政部郵便課長 |
| 平成24年8月 | 総務省情報流通行政局地上放送課長 |
| 平成26年7月 | 総務省情報流通行政局放送政策課長（併）情報通信国際戦略局参事官（通信・放送総合戦略担当） |
| 平成28年6月 | 内閣官房内閣参事官（内閣官房副長官補付）命 内閣官房郵政民営化推進室副室長 併任 郵政民営化委員会事務局次長 |
| 平成30年7月 | 総務省中国総合通信局長 |
| 令和元年7月 | 総務省情報流通行政局郵政行政部長 |
| 令和2年7月 | 総務省東海総合通信局長 |

総地
合方
通信
局

**総務省近畿総合通信局長**
Director-General of the Kinki Bureau of
Telecommunications

淵 江 　 淳（ふちえ　あつし）

昭和36年 5 月21日生．東京都出身．
国立東京学芸大学附属高校，東京大学法学部

| | |
|---|---|
| 昭和60年 | 郵政省入省（大臣官房人事部要員訓練課） |
| 平成元年 | 郵政省放送行政局企画課制度係長 |
| 平成 2 年 | 郵政省石川郵便局長 |
| 平成 3 年 | 郵政省電気通信局電波部移動通信課無線局検査官 |
| 平成 4 年 | 郵政省大臣官房文書課課長補佐 |
| 平成 5 年 | 郵政省通信政策局通信事業振興課課長補佐 |
| 平成 6 年 | 郵政省大臣官房秘書課課長補佐 |
| 平成 7 年 | 郵政省貯金局経営企画課課長補佐 |
| 平成 9 年 | 郵政省貯金局総務課課長補佐 |
| 平成10年 | 郵政省大臣官房総務課課長補佐 |
| 平成11年 | 郵政省貯金局資金運用課市場運用室長 |
| 平成12年 | 郵政大臣秘書官事務取扱 |
| 平成13年 1 月 | 総務省郵政企画管理局郵便経営計画課企画官 |
| 平成14年 8 月 | 総務省大臣官房政策評価広報課広報室長 |
| 平成16年 1 月 | 総務省大臣官房秘書課調査官 |
| 平成17年 8 月 | 総務省郵政行政局貯金企画課長 併任 保険企画課長 |
| 平成19年10月 | 総務省郵政行政局貯金保険課長 |
| 平成20年 7 月 | 総務省総合通信基盤局電気通信事業部事業政策課長 |
| 平成22年 7 月 | 総務省情報通信国際戦略局国際政策課長 |
| 平成23年 8 月 | 総務省大臣官房参事官 |
| 平成24年 9 月 | 郵便局株式会社 |
| 令和 3 年 7 月 | 総務省近畿総合通信局長 |

**総務省中国総合通信局長**
Director-General of the Chugoku Bureau of Telecommunications

**和久屋　　　聡**（わくや　さとし）

平成27年7月　国土交通省総合政策局行政情報化推進課長
平成29年7月　総務省公害等調整委員会事務局審査官
令和元年7月　総務省電気通信紛争処理委員会事務局参事官
令和3年7月　総務省中国総合通信局長

**総務省四国総合通信局長**
Director-General of the Shikoku Bureau of Telecommunications

**磯　　寿　生**（いそ　としお）
昭和44年 1 月生．大阪府出身．
東京大学法学部

平成 4 年 4 月　郵政省入省
平成19年 7 月　情報通信政策局総合政策課統括補佐
平成20年 8 月　岡山県警察本部警務部長
平成22年 7 月　総務省情報通信国際戦略局情報通信政策課融合戦略企画官
平成23年 7 月　総務省情報通信国際戦略局情報通信政策課情報通信経済
　　　　　　　　室長
平成25年 7 月　総務省情報流通行政局地域通信振興課地方情報化推進室長
平成27年 7 月　文部科学省生涯学習政策局情報教育課長
平成29年 6 月　官民交流（コニカミノルタ株式会社）
令和元年 7 月　総務省情報流通行政局地域通信振興課長
令和 2 年 7 月　独立行政法人郵便貯金簡易生命保険管理・郵便局ネット
　　　　　　　　ワーク支援機構総務部長
令和 3 年 7 月　総務省四国総合通信局長

**総務省九州総合通信局長**
Director-General of the Kyushu Bureau of Telecommunications

## 布施田　英　生 （ふせだ　ひでお）

昭和42年9月20日生．福井県出身．
福井県立高志高校，電気通信大学電気通信学部

| | |
|---|---|
| 平成2年4月 | 郵政省入省 |
| 平成18年8月 | 総務省情報通信政策局放送技術課技術企画官 |
| 平成22年7月 | 総務省総合通信基盤局電気通信事業部電気通信技術システム課番号企画室長 |
| 平成23年7月 | 総務省情報通信国際戦略局通信規格課長 |
| 平成25年6月 | 総務省総合通信基盤局電波部移動通信課長 |
| 平成27年8月 | 内閣府参事官（イノベーション戦略推進担当）（政策統括官（科学技術・イノベーション担当）付） |
| 平成29年7月 | 総務省情報通信国際戦略局技術政策課長 |
| 平成29年9月 | 総務省国際戦略局技術政策課長 |
| 平成30年7月 | 総務省総合通信基盤局電波部電波政策課長 |
| 令和3年7月 | 総務省九州総合通信局長 |

地方総合通信局

**総務省沖縄総合通信事務所長**
Director-General of the Okinawa Office of Telecommunications

# 栁　島　　　智（やなぎしま　さとる）

昭和40年 8 月19日生．千葉県出身．
千葉県立千葉高等学校，電気通信大学，
電気通信大学大学院

| | |
|---|---|
| 平成 3 年 4 月 | 郵政省入省 |
| 平成19年 7 月 | 総務省総合通信基盤局データ通信課インターネット基盤企画室長 |
| 平成21年 7 月 | 総務省情報通信国際戦略局国際展開支援室長 |
| 平成24年 8 月 | 総務省総合通信基盤局電波部監視管理室長 |
| 平成25年 6 月 | 総務省総合通信基盤局電波部重要無線室長 |
| 平成27年 8 月 | 内閣官房参事官（内閣サイバーセキュリティセンター重要インフラグループ） |
| 平成29年 7 月 | 総務省情報通信国際戦略局参事官（行政情報セキュリティ担当） |
| 平成29年 9 月 | 総務省情報流通行政局参事官（行政情報セキュリティ担当） |
| 平成30年 7 月 | 総務省情報流通行政局放送技術課長 |
| 令和元年 7 月 | 国立研究開発法人情報通信研究機構オープンイノベーション推進本部イノベーション推進部門長 |
| 令和 2 年 7 月 | 総務省国際戦略局技術政策課長　併任　内閣府技官（参事官（課題実施担当）（政策統括官（科学技術・イノベーション担当）付）） |
| 令和 3 年 7 月 | 総務省沖縄総合通信事務所長 |

**総務省消防庁長官**
Commissioner of the Fire and Disaster
Management Agency

内 藤 尚 志（ないとう　ひさし）

昭和36年11月1日生．長野県出身．
ラ・サール高校，東京大学法学部

| | |
|---|---|
| 昭和59年4月 | 自治省入省（財政局交付税課 兼 大臣官房総務課） |
| 昭和59年7月 | 宮城県地方課、財政課 |
| 昭和61年4月 | 自治省税務局固定資産税課、財政局公営企業第一課企画係長 |
| 平成元年7月 | 姫路市財務部長 |
| 平成3年7月 | 国土庁地方振興局総務課過疎対策室課長補佐 |
| 平成5年7月 | 高知県財政課長 |
| 平成7年4月 | 自治省税務局固定資産税課課長補佐 |
| 平成9年7月 | 自治省財政局財政課課長補佐 |
| 平成10年7月 | 自治省大臣官房総務課課長補佐（大臣秘書官事務取扱） |
| 平成11年1月 | 自治省行政局公務員部公務員課課長補佐 |
| 平成11年7月 | 自治省税務局企画課理事官 |
| 平成12年4月 | 自治省大臣官房総務課理事官 |
| 平成12年7月 | 自治省大臣官房総務課理事官（大臣秘書官事務取扱） |
| 平成13年1月 | 総務省大臣官房秘書課課長補佐 |
| 平成13年7月 | さいたま市助役 |
| 平成17年7月 | 総務省大臣官房企画官（内閣官房内閣参事官（内閣官房副長官補付）併任） |
| 平成18年4月 | 内閣官房内閣参事官（内閣官房副長官補付） |
| 平成19年7月 | 総務省自治財政局交付税課長 |
| 平成21年7月 | 総務省自治税務局市町村税課長、都道府県税課長 |
| 平成23年5月 | 総務省自治財政局調整課長 |
| 平成25年6月 | 総務省自治財政局財政課長 |
| 平成27年7月 | 総務省大臣官房審議官（財政制度・財務担当） |
| 平成28年6月 | 内閣官房内閣審議官（内閣官房副長官補付） |
| 平成29年7月 | 総務省自治税務局長 |
| 令和元年7月 | 総務省自治財政局長 |
| 令和3年7月 | 総務省消防庁長官 |

消
防
庁

**総務省消防庁次長**
Vice-Commissioner of the Fire and Disaster
Management Agency

小　宮　大一郎（こみや　だいいちろう）

昭和38年 5 月13日生．神奈川県出身．
久留米大学附設高校，東京大学法学部

| | |
|---|---|
| 昭和63年 4 月 | 自治省採用 |
| 平成 7 年10月 | 自治省自治大学校教授 |
| 平成 8 年 4 月 | 高知県文化環境部環境対策課長 |
| 平成 9 年 4 月 | 高知県総務部財政課長 |
| 平成11年 7 月 | 国土庁防災局防災企画課課長補佐 |
| 平成13年 1 月 | 内閣府参事官補佐（総括担当）政策統括官（防災担当）付参事官（防災総括担当）付 |
| 平成13年 4 月 | 総務省自治財政局地方債課課長補佐 |
| 平成14年 9 月 | 宮崎市助役 |
| 平成17年 4 月 | 総務省自治大学校研究部長 兼 教授 |
| 平成17年12月 | 全国知事会地方分権改革推進事務局部長 |
| 平成19年 6 月 | 内閣府内閣官房副長官補付内閣参事官（安全保障・危機管理担当） |
| 平成21年 4 月 | 千葉県総務部長 |
| 平成24年 4 月 | 内閣府政策統括官（防災担当）付参事官（災害応急対策担当） |
| 平成24年 4 月 | 内閣府政策統括官（防災担当）付参事官（災害緊急事態対処担当） |
| 平成24年 8 月 | 災害対策法制企画室参事官 併任 |
| 平成26年 4 月 | 総務省自治行政局市町村課長 |
| 平成27年 7 月 | 内閣府地方分権改革推進室参事官（総括担当） |
| 平成28年 6 月 | 総務省消防庁消防・救急課長 |
| 平成29年 7 月 | 総務省消防庁総務課長 |
| 平成30年 7 月 | 総務省消防庁審議官 |
| 平成30年11月 | 総務省消防庁国民保護・防災部長 |
| 令和 2 年 7 月 | 危険物保安技術協会理事 兼 事務局長事務取扱 |
| 令和 3 年 7 月 | 総務省消防次長 |

**総務省消防庁審議官**
Assistant Commissioner of the Fire and
Disaster Management Agency

# 齋 藤 秀 生 （さいとう　ひでお）

昭和43年 6 月23日生．福岡県出身．
福岡県立修猷館高校，東京大学法学部

| | |
|---|---|
| 平成 3 年 4 月 | 自治省入省 |
| 平成 9 年 7 月 | 国土庁地方振興局地方都市整備課課長補佐 |
| 平成11年 4 月 | 広島県総務部税務課長 |
| 平成13年 4 月 | 広島県総務企画部財務総室財政室長 |
| 平成15年 4 月 | 総務省大臣官房総務課課長補佐 |
| 平成16年 9 月 | 総務省大臣官房企画課課長補佐 |
| 平成17年 4 月 | 総務省消防庁消防課課長補佐 |
| 平成18年 4 月 | 総務省消防庁消防・救急課理事官 |
| 平成18年 8 月 | 徳島県理事（経済成長戦略） |
| 平成19年 5 月 | 徳島県商工労働部長 |
| 平成21年 4 月 | 徳島県企画総務部長 |
| 平成23年 5 月 | 徳島県副知事 |
| 平成25年 7 月 | 総務省消防庁消防・救急課救急企画室長 |
| 平成26年 7 月 | 総務省自治行政局地域自立応援課過疎対策室長 |
| 平成27年 7 月 | 総務省行政管理局管理官（農水・防衛・公取委等）（併）内閣官房内閣参事官（内閣人事局） |
| 平成29年 7 月 | 内閣府地方分権改革推進室参事官（総括担当） |
| 令和元年 7 月 | 地方公共団体金融機構経営企画部長 |
| 令和 2 年 7 月 | 総務省消防庁総務課長 |
| 令和 3 年 7 月 | 総務省消防庁審議官 |

**総務省消防庁総務課長**

Director of the Fire and Ambulance Service Division

# 石 山 英 顕 （いしやま　ひであき）

昭和43年 3 月28日生．宮城県出身．
東京大学法学部

| | |
|---|---|
| 平成 4 年 4 月 | 自治省入省 |
| 平成18年 7 月 | 総務省大臣官房秘書課課長補佐 |
| 平成18年 8 月 | 消防庁国民保護・防災部参事官補佐 |
| 平成19年 4 月 | 宮城県企画部次長 |
| 平成20年 4 月 | 宮城県総務部長 |
| 平成22年10月 | 消防庁国民保護・防災部防災課広域応援対策官 |
| 平成24年 4 月 | 消防庁国民保護・防災部防災課広域応援室長 |
| 平成25年 4 月 | 総務省情報流通行政局衛星・地域放送課地域放送推進室長 |
| 平成26年 7 月 | 参議院法制局第三部第二課長 |
| 平成28年 6 月 | 地方公共団体金融機構資金部長 |
| 平成30年 7 月 | 国土交通省航空局航空ネットワーク部空港業務課長 |
| 令和 2 年 7 月 | 総務省消防庁消防・救急課長 |
| 令和 3 年 7 月 | 総務省消防庁総務課長 |

**総務省消防庁消防・救急課長**

Director of the Fire and Ambulance Service Division

# 門 前 浩 司 （もんぜん　こうじ）

昭和44年 6 月12日生．福井県出身．
福井県立高志高校，東京大学法学部

| | |
|---|---|
| 平成 5 年 4 月 | 自治省入省 |
| 平成14年 4 月 | 岐阜県経営管理部財政課長 |
| 平成17年 4 月 | 総務省自治財政局調整課課長補佐 |
| 平成19年 7 月 | 鳥取県商工労働部長 |
| 平成22年 1 月 | 鳥取県総務部長 |
| 平成24年 1 月 | 総務省自治行政局選挙部政治資金課支出情報開示室長 |
| 平成26年 4 月 | 内閣府本府地方分権改革推進室企画官 |
| 平成27年 7 月 | 内閣府本府地方創生推進室参事官 |
| 平成29年 7 月 | 総務省自治行政局地域自立応援課過疎対策室長 |
| 平成30年 7 月 | 宮内庁長官官房参事官 |
| 令和 2 年 7 月 | 総務省自治税務局市町村税課長 |
| 令和 3 年 7 月 | 総務省消防庁消防・救急課長 |

**総務省消防庁予防課長**
Director of the Fire Prevention Division

# 白 石 暢 彦（しらいし のぶひこ）

昭和40年12月27日生. 福岡県出身.
九州大学大学院工学研究科修了

平成2年4月　自治省消防庁危険物規制課　平成12年4月　自治省消防庁危険物規制課課長補佐　平成13年1月　総務省消防庁危険物保安室課長補佐　平成14年4月　大阪市消防局予防部審査担当課長　平成16年4月　内閣官房副長官補付参事官補佐　平成17年4月　独立行政法人消防研究所調整官 兼 総務課長補佐　平成18年4月　総務省消防庁消防大学校教授 併任 予防課消防技術政策室課長補佐　平成19年4月　総務省消防庁消防大学校教授 併任 予防課危険物保安室課長補佐　平成19年8月　経済産業省大臣官房総務課企画官 併任 原子力安全・保安院原子力防災課火災対策室長　平成20年4月　経済産業省原子力安全・保安院原子力防災課火災対策室長　平成22年7月　総務省消防庁国民保護・防災部防災課防災情報室長　平成25年4月　総務省消防庁予防課特殊災害室長　平成27年4月　総務省消防庁予防課危険物保安室長　平成28年4月　静岡県危機管理監代理 兼 危機管理部理事（消防安全対策担当）
平成29年4月　静岡県危機管理部長代理 兼 危機管理監代理
平成31年4月　静岡県危機管理監代理 兼 危機管理部長代理
令和元年7月　総務省消防庁予防課長

国際緊急援助の概要

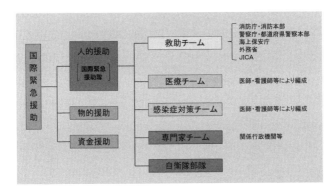

**総務省消防庁国民保護・防災部長**
Director-General of the Civil Protection and
Disaster Management Department

荻　澤　　滋（おぎさわ　しげる）

昭和41年4月26日生．神奈川県出身．
東京大学法学部

| | |
|---|---|
| 平成2年4月 | 自治省行政局選挙部政治資金課 兼 大臣官房総務課 |
| 平成2年7月 | 北海道市町村課 |
| 平成3年4月 | 北海道財政課 |
| 平成4年4月 | 消防庁救急救助課 |
| 平成5年4月 | 自治省財政局交付税課 |
| 平成6年7月 | 自治省財政局交付税課主査 |
| 平成7年7月 | 八戸市財政部長 |
| 平成10年4月 | 山口県地域振興課企画監 |
| 平成11年4月 | 山口県地域振興課長 |
| 平成12年4月 | 山口県財政課長 |
| 平成13年4月 | 国土交通省都市・地域整備局企画課長補佐 |
| 平成15年4月 | 富山県経営企画部次長 |
| 平成17年4月 | 富山県知事政策室次長 |
| 平成17年7月 | 富山県知事政策室長（兼 危機管理監） |
| 平成19年4月 | 富山県経営管理部長 |
| 平成21年7月 | 内閣府情報公開・個人情報保護審査会事務局審査官 |
| 平成23年1月 | 総務省自治税務局都道府県税課税務管理官 |
| 平成24年8月 | 自治大学校部長教授 |
| 平成26年4月 | 内閣府参事官（災害緊急事態対処担当） |
| | （内閣官房内閣参事官（内閣官房副長官補付）併任）〜H26.9 |
| | （命 内閣官房東日本大震災対応総括室参事官） |
| | （命 平成23年（2011年）東北地方太平洋沖地震緊急災害対策本部被災者生活支援チーム事務局参事官） |
| 平成28年6月 | 総務省消防庁国民保護・防災部防災課長 |
| 平成29年7月 | 群馬県副知事 |
| 令和元年8月 | 全国市町村研修財団参与 命 市町村職員中央研修所副学長 |
| 令和2年7月 | 総務省消防庁国民保護・防災部長 |

**総務省消防庁国民保護・防災部防災課長**
Director of the Disaster Management Division

# 荒　竹　宏　之（あらたけ　ひろゆき）

昭和45年9月17日生．東京都出身．
東京大学法学部

| | |
|---|---|
| 平成 6 年 4 月 | 自治省財政局交付税課（兼 大臣官房総務課） |
| 平成16年 4 月 | 財務省主計局法規課課長補佐 |
| 平成18年 4 月 | 宮城県総務部市町村課長 |
| 平成19年 4 月 | 宮城県総務部財政課長 |
| 平成21年 4 月 | 総務省消防庁総務課理事官 |
| 平成22年 4 月 | 福島県生活環境部次長（県民安全担当） |
| 平成23年 6 月 | 福島県生活環境部長 |
| 平成25年 4 月 | 地方公共団体金融機構経営企画部企画課長 |
| 平成26年 9 月 | 和歌山市副市長 |
| 平成30年 4 月 | 総務省大臣官房付 |
| 平成30年 7 月 | 内閣府参事官（企画担当）（政策統括官（沖縄政策担当）付） |
| 令和 2 年 7 月 | 総務省消防庁国民保護・防災部防災課長 |

---

**総務省消防庁国民保護・防災部参事官**
Counsellor of the Civil Protection and Disaster Management
Department

# 村　川　奏　支（むらかわ　そうし）

島根県出身．

| | |
|---|---|
| 平成12年 4 月 | 建設省入省 |
| 平成25年 7 月 | 国土交通省水管理・国土保全局水政課法務調査官 |
| 平成26年 7 月 | 国土交通省土地・建設産業局建設市場整備課建設市場整備推進官 |
| 平成28年 6 月 | 復興庁統括官付参事官付企画官 |
| 平成30年 9 月 | 国土交通省総合政策局国際政策課国際建設産業企画官 |
| 平成31年 4 月 | 国土交通省総合政策局国際政策課国際建設産業戦略官 |
| 令和 2 年 4 月 | 内閣府政策統括官（防災担当）付参事官（総括担当）付企画官 |
| 令和 3 年 5 月 | 総務省消防庁国民保護・防災部参事官 |

消
防
庁

143

**総務省消防庁消防大学校長**
President of the Fire and Disaster
Management College

# 吉 田 悦 教 (よしだ　よしのり)

昭和39年4月24日生. 三重県出身.
東京大学法学部

| | |
|---|---|
| 平成23年4月 | 全国市町村職員共済組合連合会事務局長 |
| 平成25年4月 | 総務省総合通信基盤局電気通信事業部高度通信網振興課長 |
| 平成26年4月 | 総務省大臣官房付 |
| 平成29年6月 | 総務省政治資金適正化委員会事務局長 |
| 平成29年12月 | 全国市町村研修財団審議役 命 全国市町村国際文化研修所調査研究部長 命 教授 |
| 平成30年4月 | 全国市町村研修財団参与 命 全国市町村国際文化研修所調査研究部長 兼 教授 兼 京都大学公共政策大学院特別教授 |
| 令和3年7月 | 総務省消防庁消防大学校長 |

**総務省消防庁消防大学校消防研究センター所長**
Director of the National Research Institute of Fire
and Disaster

**鈴 木 康 幸**（すずき　やすゆき）

昭和37年1月31日生．千葉県出身．
東北大学工学部

| | |
|---|---|
| 昭和63年4月 | 自治省消防庁予防課 |
| 平成9年4月 | 自治省消防庁震災対策指導室震災対策専門官 兼 課長補佐 |
| 平成11年4月 | 自治省消防庁防災情報室課長補佐 兼 防災課課長補佐 |
| 平成13年1月 | 総務省消防庁防災情報室課長補佐 併任 防災課課長補佐 |
| 平成13年4月 | 京都市消防局予防部指導課担当課長 |
| 平成14年4月 | 京都市消防局予防部担当部長 |
| 平成14年10月 | 総務省消防庁予防課設備専門官 併任 予防課課長補佐 |
| 平成18年1月 | 総務省消防庁予防課設備専門官 併任 予防課理事官 |
| 平成19年4月 | 危険物保安技術協会業務企画部長 |
| 平成19年7月 | 総務省消防庁予防課特殊災害室長 |
| 平成22年4月 | 総務省消防庁予防課危険物保安室長 |
| 平成27年4月 | 総務省消防庁予防課長 |
| 令和元年7月 | 総務省消防庁審議官 |
| 令和2年7月 | 総務省消防庁消防大学校消防研究センター所長 |

資格　一級建築士

国際消防救助隊　派遣までの流れ

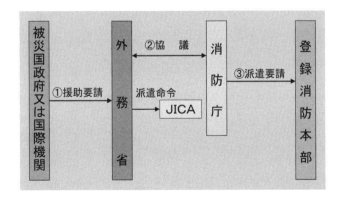

「令和2年版消防白書」より

# ●資　　　　料

# 総務省住所・電話番号一覧

## ～本省・外局～

総務省(統計局、政策統括官を除く)・消防庁
　　〒100−8926　東京都千代田区霞が関２−１−２
　　　　　　　　(中央合同庁舎第２号館)
　　　　代表番号　(03)5253−5111

総務省統計局、政策統括官(統計基準担当)
　　〒162−8668　東京都新宿区若松町19−１
　　　　代表　(03)5273−2020

総務省政策統括官(恩給担当)
　　〒162−8022　東京都新宿区若松町19−１
　　　　代表　03(3202)1111

消防大学校
　　〒182−8508　東京都調布市深大寺東町４−35−３
　　　　代表　0422(46)1711
(消防研究センター　代表　0422(44)8331)

| 〔大臣官房〕 | | | 〔行政評価局〕 | | |
|---|---|---|---|---|---|
| 秘　　　　書　　課 | (5253) | 5069 | 総　　　　務　　課 | (5253) | 5411 |
| 総　　　　務　　課 | (5253) | 5085 | 企　　　画　　課 | (5253) | 5470 |
| 管　　　　理　　室 | (5253) | 5181 | 政　策　評　価　課 | (5253) | 5427 |
| 会　　　　計　　課 | (5253) | 5124 | 行 政 相 談 企 画 課 | (5253) | 5419 |
| 厚 生 企 画 管 理 室 | (5253) | 5140 | 〔自治行政局〕 | | |
| 庁 舎 管 理 室 | (5253) | 5147 | 行　　　政　　課 | (5253) | 5509 |
| 企　　　画　　課 | (5253) | 5155 | 住　民　制　度　課 | (5253) | 5517 |
| 政 策 評 価 広 報 課 | (5253) | 5164 | 外国人住民基本台帳室 | (5253) | 5397 |
| 広　　　報　　室 | (5253) | 5172 | 市　町　村　課 | (5253) | 5516 |
| 〔行政管理局〕 | | | 行 政 経 営 支 援 室 | (5253) | 5519 |
| 企 画 調 整 課 | (5253) | 5307 | 地　域　政　策　課 | (5253) | 5523 |
| 調 査 法 制 課 | (5253) | 5353 | 地 域 情 報 政 策 室 | (5253) | 5525 |

資料

| | | |
|---|---|---|
| マイナポイント施策推進室 | (5253) | 5585 |
| 地域自立応援課 | (5253) | 5391 |
| 地域振興室 | (5253) | 5533 |
| 人材力活性化・連携交流室 | (5253) | 5394 |
| 過疎対策室 | (5253) | 5536 |
| 国際室 | (5253) | 5527 |
| 公務員課 | (5253) | 5542 |
| 女性活躍・人材活用推進室 | (5253) | 5546 |
| 応援派遣室 | (5253) | 5230 |
| 給与能率推進室 | (5253) | 5549 |
| 福利課 | (5253) | 5558 |
| 安全厚生推進室 | (5253) | 5560 |
| 選挙課 | (5253) | 5566 |
| 管理課 | (5253) | 5573 |
| 政治資金課 | (5253) | 5578 |
| 収支公開室 | (5253) | 5580 |
| 支出情報開示室 | (5253) | 5398 |
| 政党助成室 | (5253) | 5582 |

〔自治財政局〕

| | | |
|---|---|---|
| 財政課 | (5253) | 5612 |
| 調整課 | (5253) | 5618 |
| 交付税課 | (5253) | 5623 |
| 地方債課 | (5253) | 5628 |
| 公営企業課 | (5253) | 5634 |
| 公営企業経営室 | (5253) | 5638 |
| 準公営企業室 | (5253) | 5642 |
| 財務調査課 | (5253) | 5647 |

〔自治税務局〕

| | | |
|---|---|---|
| 企画課 | (5253) | 5658 |
| 都道府県税課 | (5253) | 5663 |
| 市町村税課 | (5253) | 5669 |
| 固定資産税課 | (5253) | 5674 |

| | | |
|---|---|---|
| 資産評価室 | (5253) | 5679 |

〔国際戦略局〕

| | | |
|---|---|---|
| 国際戦略課 | (5253) | 5957 |
| 技術政策課 | (5253) | 5724 |
| 研究推進室 | (5253) | 5730 |
| 通信規格課 | (5253) | 5763 |
| 標準化戦略室 | (5253) | 5763 |
| 宇宙通信政策課 | (5253) | 5768 |
| 宇宙通信調査室 | (5253) | 5768 |
| 国際展開課 | (5253) | 5923 |
| 国際経済課 | (5253) | 5928 |
| 多国間経済室 | (5253) | 5929 |
| 国際協力課 | (5253) | 5934 |
| 参事官室 | (5253) | 5376 |

〔情報流通行政局〕

| | | |
|---|---|---|
| 総務課 | (5253) | 5709 |
| 総合通信管理室 | (5253) | 5432 |
| 情報通信政策課 | (5253) | 5482 |
| 情報通信経済室 | (5253) | 5720 |
| 情報流通振興課 | (5253) | 5748 |
| 情報流通高度化推進室 | (5253) | 5751 |
| 情報活用支援室 | (5253) | 5685 |
| デジタル企業行動室 | (5253) | 5857 |
| コンテンツ振興課<br>(情報通信作品振興課) | (5253) | 5739 |
| 放送コンテンツ海外流通推進室 | (5253) | 5739 |
| 地域通信振興課 | (5253) | 5756 |
| デジタル経済推進室 | (5253) | 5757 |
| 放送政策課 | (5253) | 5777 |
| 放送技術課 | (5253) | 5784 |
| 地上放送課 | (5253) | 5791 |
| 衛星・地域放送課 | (5253) | 5799 |

| | | |
|---|---|---|
| 国 際 放 送 推 進 室 | (5253) | 5798 |
| 地 域 放 送 推 進 室 | (5253) | 5809 |
| 企　　画　　課 | (5253) | 5968 |
| 検 査 監 理 室 | (5253) | 5996 |
| 郵　　便　　課 | (5253) | 5975 |
| 国 際 企 画 室 | (5253) | 5972 |
| 貯 金 保 険 課 | (5253) | 5984 |
| 信 書 便 事 業 課 | (5253) | 5974 |

〔総合通信基盤局〕

| | | |
|---|---|---|
| 総　　務　　課 | (5253) | 5825 |
| 事 業 政 策 課 | (5253) | 5835 |
| 料 金 サ ー ビ ス 課 | (5253) | 5842 |
| デ ー タ 通 信 課 | (5253) | 5852 |
| 電 気 通 信 技 術 システム課 | (5253) | 5862 |
| 番 号 企 画 室 | (5253) | 5859 |
| 安 全・信 頼 性 対 策 室 | (5253) | 5858 |
| 消 費 者 行 政 第 一 課 | (5253) | 5488 |
| 消 費 者 行 政 第 二 課 | (5253) | 5847 |
| 電 波 政 策 課 | (5253) | 5873 |
| 国 際 周 波 数 政 策 室 | (5253) | 5878 |
| 電 波 利 用 料 企 画 室 | (5253) | 5880 |
| 基幹・衛星移動通信課 | (5253) | 5816 |
| 基 幹 通 信 室 | (5253) | 5886 |
| 重 要 無 線 室 | (5253) | 5888 |
| 移 動 通 信 課 | (5253) | 5893 |
| 電 波 環 境 課 | (5253) | 5905 |
| 監 視 管 理 室 | (5253) | 5911 |
| 電気通信消費者相談センター | (5253) | 5900 |

〔サイバーセキュリティ統括官〕

| | | |
|---|---|---|
| サイバーセキュリティ統括官室 | (5253) | 5749 |

〔統計局〕

| | | |
|---|---|---|
| 総　　務　　課 | (5273) | 1115 |
| 統 計 作 成 支 援 課 | (5273) | 1149 |
| 統 計 利 用 推 進 課 | (5273) | 1023 |
| 統計情報システム管理官 | (5273) | 1134 |
| 調 査 企 画 課 | (5273) | 1158 |
| 国 勢 統 計 課 | (5273) | 1151 |
| 経 済 統 計 課 | (5273) | 1165 |
| 消 費 統 計 課 | (5273) | 1171 |

〔政策統括官（統計制度担当）〕

| | | |
|---|---|---|
| 統 計 企 画 管 理 官 室 | (5273) | 1143 |
| 統 計 審 査 官 室 | (5273) | 1146 |
| 国 際 統 計 管 理 官 室 | (5273) | 1145 |

〔政策統括官（恩給担当）〕

| | | |
|---|---|---|
| 恩 給 管 理 官 室 | (5273) | 1306 |
| 恩 給 相 談 窓 口 | (5273) | 1400 |

〔事務局〕

| | | |
|---|---|---|
| 行政不服審査会事務局 | (5253) | 5170 |
| 情報公開・個人情報保護審査会事務局 | (5501) | 1724 |
| 官民競争入札等監理委員会事務局 | (5501) | 1878 |
| 電気通信紛争処理委員会事務局 | (5253) | 5686 |

〔消防庁〕

| | | |
|---|---|---|
| 総　　務　　課 | (5253) | 7521 |
| 消 防・救 急 課 | (5253) | 7522 |
| 救 急 企 画 室 | (5253) | 7529 |
| 予　　防　　課 | (5253) | 7523 |
| 消 防 技 術 政 策 室 | (5253) | 7541 |
| 危 険 物 保 安 室 | (5253) | 7524 |
| 特 殊 災 害 室 | (5253) | 7528 |

資
料

| | | |
|---|---|---|
| 防　災　課 (5253) 7525 | 防 災 情 報 室 (5253) 7526 |
| 参　事　官 (5253) 7507 | 応 急 対 策 室 (5253) 7527 |
| 国 民 保 護 室 (5253) 7550 | 広 域 応 援 室 (5253) 7527 |
| 国 民 保 護 運 用 室 (5253) 7551 | |

## ～施設等機関～

|　　(名　称) | |　　(住所・ＴＥＬ) |
|---|---|---|
| 自 治 大 学 校 | 〒190－8581 | 東京都立川市緑町10番地の1 |
| | | 042 (540) 4500 |
| 情報通信政策研究所 | 〒185－8795 | 東京都国分寺市泉町2－11－16 |
| | | 042 (320) 5800 |
| 統 計 研 究 研 修 所 | 〒185－0024 | 東京都国分寺市泉町2－11－16 |
| | | 042 (320) 5870 |
| 日本学術会議事務局 | 〒106－8555 | 東京都港区六本木7－22－34 |
| | | 03 (3403) 3793 |

## ～所轄機関～

|　　(名　称) | |　　(住所・ＴＥＬ) |
|---|---|---|
| 〔地方管区行政評価局〕 | | |
| 北海道管区行政評価局 | 〒060－0808 | 北海道札幌市北区北8条西2丁目 |
| | | (札幌第1合同庁舎) |
| | | 011 (709) 2311 |
| 東北管区行政評価局 | 〒980－0014 | 宮城県仙台市青葉区本町 |
| | | 3－2－23(仙台第2合同庁舎) |
| | | 022 (262) 7831 |
| 関東管区行政評価局 | 〒330－9717 | 埼玉県さいたま市中央区新都心 |
| | | 1－1 |
| | | (さいたま新都心合同庁舎1号館) |
| | | 048 (600) 2300 |

中部管区行政評価局　〒460−0001　愛知県名古屋市中区三の丸

2−5−1

（名古屋合同庁舎第2号館）

052（972）7411

近畿管区行政評価局　〒540−8533　大阪府大阪市中央区大手前

4−1−67

（大阪合同庁舎第2号館）

06（6941）3431

中国四国管区行政評価局　〒730−0012　広島県広島市中区上八丁掘6−30

（広島合同庁舎第4号館）

082（228）6171

四国行政評価支局　　〒760−0019　香川県高松市サンポート3番33号

（高松サンポート合同庁舎南館6階）

087（826）0671

九州管区行政評価局　〒812−0013　福岡県福岡市博多区博多駅東

2−11−1　　　（福岡合同庁舎）

092（431）7081

沖縄行政評価事務所　〒900−0006　沖縄県那覇市おもろまち

2−1−1

（那覇第2地方合同庁舎1号館）

098（866）0145

〔地方総合通信局〕

北海道総合通信局　〒060−8795　北海道札幌市北区北8条西2丁目

1−1　（札幌第1合同庁舎）

011（709）2311

東北総合通信局　〒980−8795　宮城県仙台市青葉区本町

3−2−23　仙台第2合同庁舎

022（221）0604

資
料

関東総合通信局　〒102−8795　東京都千代田区九段南1−2−1
九段第3合同庁舎
03（6238）1600

信越総合通信局　〒380−8795　長野県長野市旭町1108
長野第1合同庁舎
026（234）9963

北陸総合通信局　〒920−8795　石川県金沢市広坂2−2−60
金沢広坂合同庁舎
076（233）4412

東海総合通信局　〒461−8795　愛知県名古屋市東区白壁
1−15−1
（名古屋合同庁舎第3号館）
052（971）9105

近畿総合通信局　〒540−8795　大阪府大阪市中央区大手前
1−5−44
（大阪合同庁舎第1号館）
06（6942）8505

中国総合通信局　〒730−8795　広島県広島市中区東白島町19−36
082（222）3303

四国総合通信局　〒790−8795　愛媛県松山市味酒町2丁目14−4
089（936）5010

九州総合通信局　〒860−8795　熊本県熊本市西区春日2−10−1
096（326）7819

沖縄総合通信事務所　〒900−8795　沖縄県那覇市旭町1−9
カフーナ旭橋B街区5階
098（865）2300

# 総務省常設審議会

| 名称 | (庶務担当部局課・TEL・会長名) |
|---|---|
| 地方財政審議会 | 自治財政局財政課 |
| | 03 (5253) 5611 |
| 会長 | 堀場　勇夫 |
| 行政不服審査会 | 行政不服審査会事務局 |
| | 03 (5253) 5170 |
| 会長 | 原　優 |
| 情報公開・個人情報保護審査会 | 情報公開・個人情報保護審査会事務局 |
| | 03 (5501) 1724 |
| 会長 | 小泉　博嗣 |
| 官民競争入札等監理委員会 | 官民競争入札等監理委員会事務局 |
| | 03 (5501) 1878 |
| 委員長 | 浅羽　隆史 |
| 独立行政法人評価制度委員会 | 行政管理局独立行政法人評価担当 |
| | 03 (5253) 5111 |
| 委員長 | 澤田　道隆 |
| 国地方係争処理委員会 | 自治行政局行政課 |
| | 03 (5253) 5509 |
| 委員長 | 菊池　洋一 |
| 電気通信紛争処理委員会 | 電気通信紛争処理委員会事務局 |
| | 03 (5253) 5686 |
| 委員長 | 田村　幸一 |
| 電波監理審議会 | 総合通信基盤局総務課 |
| | 03 (5253) 5825 |
| 会長 | 日比野　隆司 |

資料

| 統　計　委　員　会 | 統計委員会担当室 |
| --- | --- |
| | 03（5273）2134 |
| 委　　員　　長 | 北村　行伸 |

| 情 報 通 信 審 議 会 | 情報流通行政局総務課総合通信管理室 |
| --- | --- |
| | 03（5253）5432 |
| 会　　　　　長 | 内山田　竹志 |

| 情報通信行政・郵政行政審議会 | 情報流通行政局総務課 |
| --- | --- |
| | 03（5253）5709 |
| 会　　　　　長 | 川濱　昇 |

| 国立研究開発法人審議会 | 国際戦略局技術政策課 |
| --- | --- |
| | 03（5253）5724 |
| 会　　　　　長 | 尾家　祐二 |

| 政治資金適正化委員会 | 政治資金適正化委員会事務局 |
| --- | --- |
| | 03（5253）5598 |
| 委　　員　　長 | 伊藤　鉄男 |

| 政 策 評 価 審 議 会 | 行政評価局企画課 |
| --- | --- |
| | 03（5253）5470 |
| 委　　員　　長 | 岡　素之 |

| 恩　給　審　査　会 | 政策統括官（恩給担当） |
| --- | --- |
| | 03（5273）1304 |
| 会　　　　　長 | 石黒　清子 |

| 消　防　審　議　会 | 消防庁総務課 |
| --- | --- |
| | 03（5253）7506 |
| 会　　　　　長 | 田中　淳 |

# 総務省歴代大臣・幹部一覧

| 氏　　名 | 発令年月日 | 氏　　名 | 発令年月日 |
|---|---|---|---|
| **〔大　　臣〕** | | 大　石　利　雄 | 26. 7. 22 |
| 片　山　虎之助 | 13. 1. 6 | 桜　井　　　俊 | 27. 7. 31 |
| (12. 12. 5～) | | 佐　藤　文　俊 | 28. 6. 17 |
| 麻　生　太　郎 | 15. 9. 22 | 安　田　　　充 | 29. 7. 11 |
| 竹　中　平　蔵 | 17. 10. 31 | 鈴　木　茂　樹 | 元. 7. 5 |
| 菅　　　義　偉 | 18. 9. 26 | 黒　田　武一郎 | 元. 12. 20 |
| 増　田　寛　也 | 19. 8. 27 | | |
| 鳩　山　邦　夫 | 20. 9. 24 | **〔総務審議官〕** | |
| 佐　藤　　　勉 | 21. 6. 12 | 天　野　定　功 | 13. 1. 6 |
| 原　口　一　博 | 21. 9. 16 | 中　川　良　一 | 13. 1. 6 |
| 片　山　善　博 | 22. 9. 17 | 濱　田　弘　二 | 13. 1. 6 |
| 川　端　達　夫 | 23. 9. 2 | 金　澤　　　薫 | 13. 7. 6 |
| 樽　床　伸　二 | 24. 10. 1 | 月　尾　嘉　男 | 14. 1. 8 |
| 新　藤　義　孝 | 24. 12. 26 | 香　山　充　弘 | 14. 1. 8 |
| 高　市　早　苗 | 26. 9. 3 | 西　村　正　紀 | 14. 8. 2 |
| 野　田　聖　子 | 29. 8. 3 | 松　井　　　浩 | 15. 1. 17 |
| 石　田　真　敏 | 30. 10. 2 | 鍋　倉　真　一 | 15. 1. 17 |
| 高　市　早　苗 | 元. 9. 11 | 久　山　慎　一 | 16. 1. 6 |
| 武　田　良　太 | 2. 9. 16 | 高　原　耕　三 | 16. 1. 6 |
| 金　子　恭　之 | 3. 10. 4 | 畠　中　誠二郎 | 17. 1. 11 |
| | | 堀　江　正　弘 | 17. 8. 15 |
| **〔事務次官〕** | | 平　井　正　夫 | 17. 8. 15 |
| 嶋　津　　　昭 | 13. 1. 6 | 有　冨　寛一郎 | 17. 8. 15 |
| 金　澤　　　薫 | 14. 1. 8 | 瀧　野　欣　彌 | 18. 7. 21 |
| 西　村　正　紀 | 15. 1. 17 | 清　水　英　雄 | 18. 7. 21 |
| 香　山　充　弘 | 16. 1. 16 | 戸　谷　好　秀 | 19. 7. 6 |
| 林　　　省　吾 | 17. 8. 15 | 鈴　木　康　雄 | 19. 7. 6 |
| 松　田　隆　利 | 18. 7. 21 | 森　　　　　清 | 19. 7. 6 |
| 瀧　野　欣　彌 | 19. 7. 6 | 寺　﨑　　　明 | 20. 7. 4 |
| 鈴　木　康　雄 | 21. 7. 14 | 福　井　良　次 | 21. 7. 14 |
| 岡　本　　　保 | 22. 1. 15 | 岡　本　　　保 | 21. 7. 14 |
| 小笠原　倫　明 | 24. 9. 11 | 小笠原　倫　明 | 22. 1. 15 |
| 岡　崎　浩　巳 | 25. 6. 28 | 山　川　鉄　郎 | 22. 7. 27 |

| 氏　　名 | 発令年月日 | 氏　　名 | 発令年月日 |
|---|---|---|---|
| 村　木　裕　隆 | 23．8．26 | 吉　良　裕　臣 | 22．7．27 |
| 田　中　順　一 | 24．9．11 | 門　山　泰　明 | 24．9．11 |
| 大　石　利　雄 | 24．9．11 | 戸　塚　　誠 | 25．6．28 |
| 田　中　栄　一 | 24．9．11 | 福　岡　　徹 | 26．7．22 |
| 桜　井　　俊 | 25．6．28 | 黒　田　武一郎 | 27．7．31 |
| 吉　崎　正　弘 | 25．6．28 | 山　田　真貴子 | 28．6．17 |
| 戸　塚　　誠 | 26．7．22 | 林　崎　　理 | 29．7．11 |
| 阪　本　泰　男 | 26．7．22 | 武　田　博　之 | 30．8．1 |
| 笹　島　誉　行 | 27．7．31 | 横　田　真　二 | 元．7．5 |
| 佐　藤　文　俊 | 27．7．31 | 原　　　邦　彰 | 2．7．20 |
| 福　岡　　徹 | 28．6．17 | | |
| 鈴　木　茂　樹 | 28．6．17 | 〔大臣官房総括審議官〕 | |
| 若　生　俊　彦 | 29．7．11 | 畠　中　誠二郎 | 13．1．6 |
| 富　永　昌　彦 | 29．7．11 | 林　　省　吾 | 13．1．6 |
| 渡　辺　克　也 | 30．7．20 | 平　井　正　夫 | 14．1．8 |
| 長　屋　　聡 | 元．7．5 | 板　倉　敏　一 | 14．1．8 |
| 黒　田　武一郎 | 元．7．5 | 伊　藤　祐一郎 | 15．1．17 |
| 山　田　真貴子 | 元．7．5 | 衞　藤　英　達 | 15．11．4 |
| 谷　脇　康　彦 | 2．7．20 | 大　野　慎　一 | 16．2．19 |
| 吉　田　眞　人 | 2．7．20 | 荒　木　慶　司 | 16．7．2 |
| 山　下　哲　夫 | 3．7．1 | 熊　谷　　敏 | 17．8．15 |
| 竹　内　芳　明 | 3．7．1 | 久　保　信　保 | 18．7．21 |
| 佐々木　祐　二 | 3．7．1 | 山　川　鉄　郎 | 18．7．21 |
| | | 岡　崎　浩　巳 | 19．7．10 |
| 〔大臣官房長〕 | | 桜　井　　俊 | 19．7．10 |
| 團　　　宏　明 | 13．1．6 | 田　中　栄　一 | 20．7．4 |
| 畠　中　誠二郎 | 14．1．8 | 河　内　正　孝 | 20．7．4 |
| 瀧　野　欣　彌 | 15．1．17 | 福　井　武　弘 | 21．7．14 |
| 平　井　正　夫 | 16．1．6 | 田　中　栄　一 | 21．7．14 |
| 森　　　　清 | 17．8．15 | 大　石　利　雄 | 22．1．15 |
| 荒　木　慶　司 | 18．7．21 | 久保田　誠　之 | 22．7．27 |
| 田　中　順　一 | 19．7．6 | 吉　崎　正　弘 | 23．8．15 |
| 大　石　利　雄 | 21．7．14 | 田　口　尚　文 | 24．9．11 |
| 田　中　栄　一 | 22．1．15 | 福　岡　　徹 | 24．9．11 |

| 氏　　名 | 発令年月日 |
|---|---|
| 佐々木　敦　朗 | 25. 7. 1 |
| 鈴　木　茂　樹 | 25. 6. 28 |
| 武　井　俊　幸 | 25. 6. 28 |
| 安　田　　　充 | 26. 7. 22 |
| 今　林　顯　一 | 26. 7. 22 |
| 稲　山　博　司 | 27. 7. 31 |
| 安　藤　友　裕 | 27. 7. 31 |
| 富　永　昌　彦 | 27. 7. 31 |
| 長　尾　　　聡 | 28. 6. 17 |
| 武　田　博　之 | 28. 6. 17 |
| 宮　地　　　毅 | 29. 7. 11 |
| 吉　田　真　人 | 29. 7. 11 |
| 安　藤　英　作 | 30. 7. 20 |
| 山　崎　俊　巳 | 30. 8. 1 |
| 奈　良　俊　哉 | 元. 7. 5 |
| 秋　本　芳　徳 | 元. 7. 5 |
| 前　田　一　浩 | 元. 8. 3 |
| 吉　田　博　史 | 2. 7. 20 |
| 竹　村　晃　一 | 2. 7. 20 |
| 山　野　　　謙 | 3. 7. 1 |
| 鈴　木　信　也 | 3. 7. 1 |

〔大臣官房技術総括審議官〕

| 田　中　征　治 | 13. 1. 6 |
|---|---|
| 石　原　秀　昭 | 13. 7. 6 |
| 鬼　頭　達　男 | 15. 8. 5 |
| 松　本　正　夫 | 17. 8. 15 |

〔大臣官房地域力創造審議官〕

| 椎　川　　　忍 | 20. 7. 4 |
|---|---|
| 門　山　泰　明 | 22. 7. 27 |
| 武　居　丈　二 | 24. 9. 11 |
| 関　　　博　之 | 25. 1. 23 |
| 原　田　淳　志 | 26. 7. 22 |

| 氏　　名 | 発令年月日 |
|---|---|
| 時　澤　　　忠 | 28. 6. 17 |
| 池　田　憲　治 | 29. 7. 11 |
| 佐々木　　浩 | 30. 7. 20 |
| 境　　　　　勉 | 元. 7. 5 |
| 大　村　慎　一 | 2. 7. 20 |
| 馬　場　竹次郎 | 3. 7. 1 |

〔政策立案総括審議官〕

| 横　田　信　孝 | 30. 7. 20 |
|---|---|
| 吉　開　正治郎 | 元. 7. 5 |
| 阪　本　克　彦 | 2. 7. 20 |

〔政策統括官〕

| 西　村　正　紀 | 13. 1. 6 |
|---|---|
| (併：内閣官房行政改革推進事務局長) | |
| 高　原　耕　三 (情報通信担当) | |
| | 13. 1. 6 |
| 清　水　英　雄 (情報通信担当) | |
| | 15. 1. 17 |
| 稲　村　公　望 (情報通信担当) | |
| | 13. 7. 6 |
| 大　野　慎　一 | 14. 4. 1 |
| (電子政府・電子自治体等担当) | |
| 藤　井　昭　夫 | 16. 1. 6 |
| (電子政府・電子自治体等担当) | |
| 鈴　木　康　雄 (情報通信担当) | |
| | 16. 1. 6 |
| 久布白　　　寛 | 17. 1. 11 |
| (電子政府・電子自治体等担当) | |
| 清　水　英　雄 (情報通信担当) | |
| | 17. 5. 17 |
| 寺　﨑　　　明 (情報通信担当) | |
| | 18. 8. 21 |

資料

159

| 氏　名 | 発令年月日 |
|---|---|
| 中　田　　　睦 (情報通信担当) | 19.　7.　6 |
| 戸　塚　　　誠 (情報通信担当) | 20.　7.　4 |
| 原　　　正　之 | 21.　7.　14 |
| 佐　藤　文　俊 (情報通信担当) | 23.　7.　15 |
| 阪　本　泰　男 (情報通信担当) | 24.　9.　11 |
| 吉　田　　　靖 (情報通信担当) | 25.　6.　28 |
| 南　　　後　行 (情報通信担当) | 26.　7.　22 |
| 今　林　顯　一 (情報通信担当) | 28.　6.　17 |
| 谷　脇　康　彦 (情報セキュリティ担当) | 29.　7.　11 |

〔人事・恩給局長〕

| 氏　名 | 発令年月日 |
|---|---|
| 大　坪　正　彦 | 13.　1.　6 |
| 久　山　慎　一 | 14.　1.　8 |
| 戸　谷　好　秀 | 16.　1.　6 |
| 藤　井　昭　夫 | 19.　7.　6 |
| 村　木　裕　隆 | 20.　7.　4 |
| 田　中　順　一 | 23.　8.　26 |
| 笹　島　誉　行 | 24.　9.　11 |
| （26.　5.　30　廃止） | |

〔行政管理局長〕

| 氏　名 | 発令年月日 |
|---|---|
| 坂　野　泰　治 | 13.　1.　6 |
| 松　田　隆　利 | 14.　1.　8 |
| 畠　中　誠二郎 | 16.　7.　2 |
| 藤　井　昭　夫 | 17.　1.　11 |
| 石　田　直　裕 | 18.　7.　21 |

| 氏　名 | 発令年月日 |
|---|---|
| 村　木　裕　隆 | 19.　7.　6 |
| 橋　口　典　央 | 20.　7.　4 |
| 戸　塚　　　誠 | 21.　7.　14 |
| 若　生　俊　彦 | 25.　6.　28 |
| 上　村　　　進 | 26.　4.　22 |
| 山　下　哲　夫 | 28.　6.　17 |
| 堀　江　宏　之 | 30.　7.　20 |
| 三　宅　俊　光 | 元.　7.　5 |
| 横　田　信　孝 | 2.　7.　20 |
| 白　岩　　　俊 | 3.　7.　1 |

〔行政評価局長〕

| 氏　名 | 発令年月日 |
|---|---|
| 塚　本　壽　雄 | 13.　1.　6 |
| 田　村　政　志 | 15.　1.　17 |
| 福　井　良　次 | 17.　8.　15 |
| 熊　谷　　　敏 | 18.　7.　21 |
| 関　　　有　一 | 19.　7.　6 |
| 田　中　順　一 | 21.　7.　14 |
| 新　井　英　男 | 23.　8.　26 |
| 宮　島　守　男 | 24.　9.　11 |
| 渡　会　　　修 | 25.　6.　28 |
| 新　井　　　豊 | 27.　1.　16 |
| 讃　岐　　　建 | 28.　6.　17 |
| 白　岩　　　俊 | 元.　7.　5 |
| 清　水　正　博 | 3.　7.　1 |

〔自治行政局長〕

| 氏　名 | 発令年月日 |
|---|---|
| 芳　山　達　郎 | 13.　1.　6 |
| 畠　中　誠二郎 | 15.　1.　17 |
| 武　智　健　二 | 16.　7.　2 |
| 髙　部　正　男 | 17.　8.　15 |
| 藤　井　昭　夫 | 18.　7.　21 |
| 岡　本　　　保 | 19.　7.　6 |
| 久　元　喜　造 | 20.　7.　4 |

| 氏　　名 | 発令年月日 | 氏　　名 | 発令年月日 |
|---|---|---|---|
| 望　月　達　史 | 24. 9. 11 | 青　木　信　之 | 27. 7. 31 |
| 門　山　泰　明 | 25. 6. 28 | 林　﨑　　理 | 28. 6. 30 |
| 佐々木　敦　朗 | 26. 7. 22 | 内　藤　尚　志 | 29. 7. 11 |
| 渕　上　俊　則 | 27. 7. 31 | 開　出　英　之 | 元. 7. 5 |
| 安　田　　充 | 28. 6. 17 | 稲　岡　伸　哉 | 2. 7. 20 |
| 山　﨑　重　孝 | 29. 7. 13 | | |
| 北　崎　秀　一 | 30. 8. 1 | **〔情報通信国際戦略局長〕** | |
| 高　原　　剛 | 元. 7. 5 | 小笠原　倫　明 | 20. 7. 4 |
| 吉　川　浩　民 | 3. 7. 1 | 利根川　　一 | 22. 1. 15 |
| | | 桜　井　　俊 | 24. 9. 11 |
| **〔自治財政局長〕** | | 阪　本　泰　男 | 25. 6. 28 |
| 香　山　充　弘 | 13. 1. 6 | 鈴　木　茂　樹 | 26. 7. 22 |
| 林　　省　吾 | 14. 1. 8 | 山　田　真貴子 | 27. 7. 31 |
| 瀧　野　欣　彌 | 16. 1. 6 | 谷　脇　康　彦 | 28. 6. 17 |
| 岡　本　　保 | 18. 7. 21 | (29. 9. 1　改組) | |
| 久　保　信　保 | 19. 7. 6 | | |
| 椎　川　　忍 | 22. 7. 27 | **〔国際戦略局長〕** | |
| 佐　藤　文　俊 | 24. 9. 11 | 今　林　顕　一 | 29. 7. 11 |
| 安　田　　充 | 27. 7. 31 | 吉　田　眞　人 | 30. 7. 20 |
| 黒　田　武一郎 | 28. 6. 17 | 巻　口　英　司 | 元. 7. 5 |
| 林　﨑　　理 | 30. 8. 1 | 田　原　康　生 | 3. 7. 1 |
| 内　藤　尚　志 | 元. 7. 5 | | |
| 前　田　一　浩 | 3. 7. 1 | **〔情報流通行政局長〕** | |
| | | 山　川　鉄　郎 | 20. 7. 4 |
| **〔自治税務局長〕** | | 田　中　栄　一 | 22. 7. 27 |
| 石　井　隆　一 | 13. 1. 6 | 吉　崎　正　弘 | 24. 9. 11 |
| 瀧　野　欣　彌 | 14. 1. 8 | 福　岡　　徹 | 25. 6. 28 |
| 板　倉　敏　和 | 15. 1. 17 | 安　藤　友　裕 | 26. 7. 22 |
| 小　室　裕　一 | 17. 8. 15 | 今　林　顯　一 | 27. 7. 31 |
| 河　野　　栄 | 18. 7. 21 | 南　　俊　行 | 28. 6. 17 |
| 岡　崎　浩　巳 | 21. 7. 14 | 山　田　真貴子 | 29. 7. 11 |
| 株　丹　達　也 | 24. 9. 11 | 吉　田　眞　人 | 元. 7. 5 |
| 米　田　耕一郎 | 25. 8. 2 | 秋　本　芳　徳 | 2. 7. 20 |
| 平　嶋　彰　英 | 26. 7. 22 | 吉　田　博　史 | 3. 2. 20 |

| 氏　　名 | 発令年月日 |
|---|---|
| **〔情報通信政策局長〕** | |
| 鍋　倉　眞　一 | 13. 1. 6 |
| 高　原　耕　三 | 13. 7. 6 |
| 武　智　健　二 | 16. 1. 6 |
| 堀　江　正　弘 | 16. 7. 2 |
| 竹　田　義　行 | 17. 8. 15 |
| 鈴　木　康　雄 | 18. 7. 21 |
| 小笠原　倫　明 | 19. 7. 6 |
| （20. 7. 4　　改組） | |
| **〔総合通信基盤局長〕** | |
| 金　澤　　　薫 | 13. 1. 6 |
| 鍋　倉　眞　一 | 13. 7. 6 |
| 有　冨　寛一郎 | 15. 1. 17 |
| 須　田　和　博 | 17. 8. 15 |
| 森　　　　　清 | 18. 7. 21 |
| 寺　﨑　　　明 | 19. 7. 6 |
| 桜　井　　　俊 | 20. 7. 4 |
| 吉　良　裕　臣 | 24. 9. 11 |
| 福　岡　　　徹 | 27. 7. 31 |
| 富　永　昌　彦 | 28. 6. 17 |
| 渡　辺　克　也 | 29. 7. 11 |
| 谷　脇　康　彦 | 30. 7. 20 |
| 竹　内　芳　明 | 2. 7. 20 |
| 二　宮　清　治 | 3. 7. 1 |
| **〔郵政企画管理局長〕** | |
| 松　井　　　浩 | 13. 1. 6 |
| 團　　　宏　明 | 14. 1. 8 |
| 野　村　　　卓 | 15. 1. 17 |
| （15. 3. 31　　廃止） | |
| **〔郵政行政局長〕** | |
| 野　村　　　卓 | 15. 4. 1 |

| 氏　　名 | 発令年月日 |
|---|---|
| 清　水　英　雄 | 16. 1. 6 |
| 鈴　木　康　雄 | 17. 5. 17 |
| 須　田　和　博 | 18. 7. 21 |
| 橋　口　典　央 | 19. 7. 6 |
| （20. 7. 4　　改組） | |
| **〔統計局長〕** | |
| 久　山　慎　一 | 13. 1. 6 |
| 大　戸　隆　信 | 14. 1. 8 |
| 大　林　千　一 | 16. 1. 6 |
| 衞　藤　英　達 | 17. 8. 15 |
| 川　崎　　　茂 | 19. 1. 5 |
| 福　井　武　弘 | 23. 8. 15 |
| 須　江　雅　彦 | 24. 9. 11 |
| 井　波　哲　尚 | 26. 7. 22 |
| 會　田　雅　人 | 27. 7. 31 |
| 千　野　雅　人 | 29. 7. 11 |
| 佐　伯　修　司 | 元. 7. 5 |
| 井　上　　　卓 | 3. 7. 1 |
| **〔政策統括官（統計基準担当）〕** | |
| 久布白　　　寛 | 17. 8. 15 |
| 貝　沼　孝　二 | 19. 7. 6 |
| 中　田　　　睦 | 20. 7. 4 |
| 池　川　博　士 | 21. 7. 14 |
| 伊　藤　孝　雄 | 23. 8. 15 |
| 平　山　　　眞 | 24. 9. 11 |
| **〔政策統括官（統計基準、恩給担当）〕** | |
| 平　山　　　眞 | 26. 5. 30 |
| 田　家　　　修 | 26. 7. 22 |
| 新　井　　　豊 | 28. 6. 17 |
| 三　宅　俊　光 | 29. 7. 11 |

| 氏　　名 | 発令年月日 |
|---|---|
| 吉　開　正治郎 | 2．7．20 |

〔政策統括官（統計制度、
　　　　　　　恩給担当）〕
| | |
|---|---|
| 吉　開　正治郎 | 3．7．1 |

〔公正取引委員会委員長〕
| | |
|---|---|
| 根　來　泰　周 | 8．8．28 |
| 竹　島　一　彦 | 14．7．31 |
| （15．4．9　内閣府へ移行） | |

〔公害等調整委員会委員長〕
| | |
|---|---|
| 川　嵜　義　徳 | 9．7．1 |
| 加　藤　和　夫 | 14．7．1 |
| 大　内　捷　司 | 19．7．1 |
| 富　越　和　厚 | 24．7．1 |
| 荒　井　　　勉 | 29．7．1 |

〔消防庁長官〕
| | |
|---|---|
| 中　川　浩　明 | 13．1．6 |
| 石　井　隆　一 | 14．1．8 |
| 林　　　省　吾 | 16．1．6 |
| 板　倉　敏　和 | 17．8．15 |
| 髙　部　正　男 | 18．7．21 |
| 荒　木　慶　司 | 19．7．6 |
| 岡　本　　　保 | 20．7．4 |
| 河　野　　　栄 | 21．7．14 |
| 久　保　信　保 | 22．7．27 |
| 岡　崎　浩　巳 | 24．9．11 |
| 大　石　利　雄 | 25．6．28 |
| 坂　本　森　男 | 26．7．22 |
| 佐々木　敦　朗 | 27．7．31 |
| 青　木　信　之 | 28．6．30 |

| 氏　　名 | 発令年月日 |
|---|---|
| 稲　山　博　司 | 29．7．11 |
| 黒　田　武一郎 | 30．7．20 |
| 林　崎　　　理 | 元．7．5 |
| 横　田　真　二 | 2．7．20 |
| 内　藤　尚　志 | 3．7．1 |

〔郵政公社統括官〕
| | |
|---|---|
| 野　村　　　卓 | 13．1．6 |
| （15．3．31　廃止） | |

〔郵政事業庁長官〕
| | |
|---|---|
| 足　立　盛二郎 | 13．1．6 |
| 松　井　　　浩 | 14．1．8 |
| 團　　　宏　明 | 15．1．17 |
| （15．3．31　廃止） | |

資

料

# 総務省組織概要図

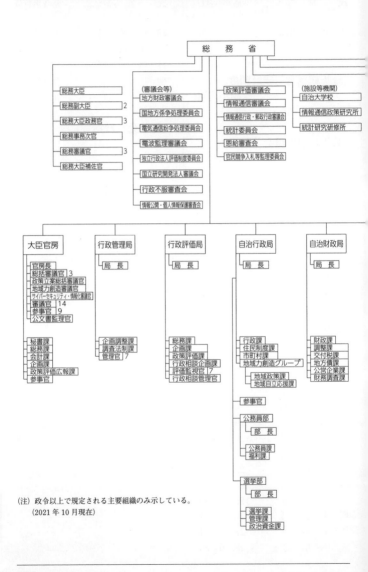

総　務　省

| 総務大臣 |
| 総務副大臣 2 |
| 総務大臣政務官 3 |
| 総務事務次官 |
| 総務審議官 3 |
| 総務大臣補佐官 |

（審議会等）
| 地方財政審議会 |
| 国地方係争処理委員会 |
| 電気通信紛争処理委員会 |
| 電波監理審議会 |
| 独立行政法人評価制度委員会 |
| 国立研究開発法人審議会 |
| 行政不服審査会 |
| 情報公開・個人情報保護審査会 |

| 政策評価審議会 |
| 情報通信審議会 |
| 情報通信行政・郵政行政審議会 |
| 統計委員会 |
| 恩給審査会 |
| 官民競争入札等監理委員会 |

（施設等機関）
| 自治大学校 |
| 情報通信政策研究所 |
| 統計研究研修所 |

## 大臣官房
官房長
総括審議官 3
政策立案総括審議官
地域力創造審議官
サイバーセキュリティ・情報化審議官
審議官 14
参事官 9
公文書監理官

秘書課
総務課
会計課
企画課
政策評価広報課
参事官

## 行政管理局
局　長

企画調整課
調査法制課
管理官 7

## 行政評価局
局　長

総務課
企画課
政策評価課
行政相談企画課
評価監視官 7
行政相談管理官

## 自治行政局
局　長

行政課
住民制度課
市町村課
地域力創造グループ
　地域政策課
　地域自立応援課

参事官

公務員部
部　長

公務員課
福利課

選挙部
部　長

選挙課
管理課
政治資金課

## 自治財政局
局　長

財政課
調整課
交付税課
地方債課
公営企業課
財務調査課

（注）政令以上で規定される主要組織のみ示している。
　　　（2021 年 10 月現在）

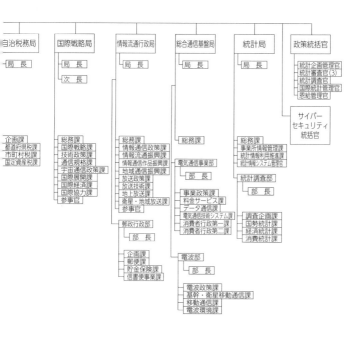

■組織概要図

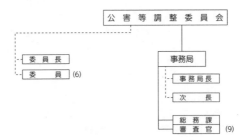

(注) 政令職以上の主要組織のみを示しており、順不同である。

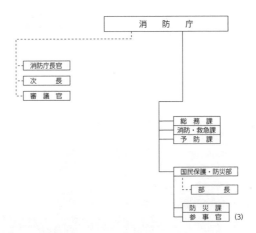

(注1) 政令職以上の主要組織のみを示しており、順不同である。
(注2) 審議会等は除いている。

## 北海道

**伊 藤 正 志**
大臣官房企画課長

**山 村 和 也**
行政管理局管理官（内閣・内閣府・個人情報保護委員会・金融・総務・公調委・財務等）

**豊 嶋 基 暢**
北海道総合通信局長

## 青森県

**長 嶺 行 信**
統計審査官（政策統括官付）併任 統計改革実行推進室参事官（政策統括官付）

## 宮城県

**越 後 和 徳**
電波監理審議会審理官

**石 山 英 顕**
消防庁総務課長

## 秋田県

**佐 藤 紀 明**
統計企画管理官（政策統括官付）併任 統計改革実行推進室参事官（政策統括官付）併任 統計作成プロセス改善推進室室長（政策統括官付）

## 山形県

**福 田　　勲**
情報公開・個人情報保護審査会事務局総務課長

**片 桐 広 逸**
電気通信紛争処理委員会事務局参事官

## 福島県

**渡 邉 浩 之**
行政評価局評価監視官（連携調査、環境等担当）

**白 石 昌 義**
信越総合通信局長

## 茨城県

**菊 地 健太郎**
大臣官房参事官 併任 企画課政策室長

**渡 邉　　靖**
行政評価局行政相談管理官

**大 高 光 三**
東北管区行政評価局長

## 栃木県

**加 藤 主 税**
自治行政局公務員部公務員課長

**植 山 克 郎**
統計研究研修所長

## 群馬県

**砂 山　　裕**
大臣官房秘書課長 命 人事管理官

**辺 見　　聡**
大臣官房審議官（情報流通行政局担当）

**栗 原 直 樹**
統計調整官（政策統括官付）併任 統計委員会担当室次長（政策統括官付）

## 埼玉県

**田 中 聖 也**
大臣官房参事官（秘書課担当）

鳥 海 貴 之
　行政管理局管理官（法務・経済産業・
　環境・国公委・消費者庁等）

彌 栄 定 美
　自治行政局地域自立応援課長

渡 邊 　 輝
　大臣官房審議官（公営企業担当）

戸 梶 晃 輔
　自治財政局財務調査課長

## 千葉県

湯 本 博 信
　大臣官房サイバーセキュリティ・情報
　化審議官

君 塚 明 宏
　大臣官房広報室長

野 竹 司 郎
　行政評価局評価監視官（法務、外務、
　経済産業等担当）

山 口 最 丈
　自治税務局都道府県税課長

田 原 康 生
　国際戦略局長

松 井 正 幸
　情報流通行政局情報流通振興課長

小 松 　 聖
　統計局統計調査部国勢統計課長

中 村 英 昭
　統計審査官（政策統括官付）併任 統
　計改革実行推進室参事官（政策統括官
　付）

鈴 木 信 也
　大臣官房総括審議官（広報、政策企画
　（主））（併）電気通信紛争処理委員会
　事務局長

花 井 　 光
　四国行政評価支局長

蒲 生 　 孝
　北陸総合通信局長

栁 島 　 智
　沖縄総合通信事務所長

鈴 木 康 幸
　消防庁消防大学校消防研究センター所
　長

## 東京都

山 下 哲 夫
　総務審議官（行政制度）

阪 本 克 彦
　大臣官房政策立案総括審議官 併任 公
　文書監理官

原 嶋 清 次
　行政評価局総務課長

山 越 伸 子
　自治行政局公務員部長

黒 野 嘉 之
　自治財政局交付税課長

田 辺 康 彦
　自治税務局企画課長

大 森 一 顕
　国際戦略局国際戦略課長

吉 田 博 史
　情報流通行政局長

林 　 弘 郷
　総合通信基盤局総務課長

小 川 久仁子
　総合通信基盤局電気通信事業部消費者
　行政第二課長

荻 原 直 彦
　総合通信基盤局電波部電波政策課長

永 島 勝 利
　統計局統計調査部国勢統計課長

高 村 　 信
　サイバーセキュリティ統括官付参事官
　（政策担当）

海 野 敦 史
　サイバーセキュリティ統括官付参事官
　（国際担当）

長 瀬 正 明
官民競争入札等監理委員会事務局参事官 併任 行政管理局公共サービス改革推進室参事官

高 地 圭 輔
情報通信政策研究所長

植 村 哲
政治資金適正化委員会事務局長

小笠原 陽 一
関東総合通信局長

淵 江 淳
近畿総合通信局長

荒 竹 宏 之
消防庁国民保護・防災部防災課長

## 神奈川県

原 邦 彰
大臣官房長

白 岩 俊
行政管理局長

井 田 俊 輔
情報流通行政局情報通信作品振興課長

川 野 真 稔
総合通信基盤局電気通信事業部料金サービス課長

柴 山 佳 徳
総合通信基盤局電気通信事業部データ通信課長

片 桐 義 博
総合通信基盤局電気通信事業部消費者行政第一課長

巻 口 英 司
サイバーセキュリティ統括官

谷 輪 浩 二
行政不服審査会事務局総務課長

中 平 真
中部管区行政評価局長

森 丘 宏
近畿管区行政評価局長

杉 野 勲
東北総合通信局長

小 宮 大一郎
消防庁次長

荻 澤 滋
消防庁国民保護・防災部長

## 新潟県

吉 川 浩 民
自治行政局長

北 神 裕
国際戦略局国際経済課長

槙 田 直 木
統計局統計情報システム管理官 併任 独立行政法人統計センター統計技術・提供部長

熊 木 利 行
恩給管理官（政策統括官付）

渡 部 良 一
官民競争入札等監理委員会事務局長 併任 行政管理局公共サービス改革推進室長

河 合 暁
九州管区行政評価局長

## 富山県

方 健 児
行政管理局管理官（独法評価総括）

坂 越 健 一
自治財政局公営企業課長

## 石川県

寺 村 行 生
情報流通行政局郵政行政部信書便事業課長

植 松 良 和
統計局事業所情報管理課長 併任 政策統括官付

## 福井県

西 澤 能 之
行政評価局企画課長

三 田 一 博
情報流通行政局総務課長

布施田 英 生
九州総合通信局長

門 前 浩 司
消防庁消防・救急課長

## 長野県

平 沢 克 俊
行政管理局管理官（文科・農水・防
衛・公取委等）

渡 邉 洋 平
行政評価局評価監視官（内閣、総務等
担当）

内 藤 尚 志
消防庁長官

## 静岡県

大 村 慎 一
新型コロナ対策地方連携総括官

中 野 祐 介
自治税務局市町村税課長

山 口 典 史
国際戦略局通信規格課長

今 川 拓 郎
情報流通行政局郵政行政部長

米 澤 俊 介
関東管区行政評価局長

## 愛知県

山 碕 良 志
大臣官房参事官（秘書課担当）

森 源 二
自治行政局選挙部長

金 澤 直 樹
情報流通行政局地域通信振興課長 併
任 沖縄情報通信振興室長

村 手 聡
自治大学校長

## 三重県

黒 田 忠 司
行政評価局評価監視官（復興、国土交
通担当）

髙 田 義 久
情報流通行政局郵政行政部企画課長

吉 田 悦 教
消防庁消防大学校長

## 京都府

内 藤 茂 雄
大臣官房総務課長

大 槻 大 輔
行政評価局行政相談企画課長

野 村 謙一郎
自治行政局公務員部福利課長

松 田 昇 剛
情報流通行政局郵政行政部郵便課長

内 山 昌 也
統計審査官（政策統括官付）

## 大阪府

阿 部 知 明
大臣官房審議官（地方行政・個人番号
制度、地方公務員制度、選挙担当）

植 田 昌 也
自治行政局市町村課長

清 田 浩 史
自治行政局選挙部管理課長

池 田 達 雄
大臣官房審議官（財政制度・財務担
当）

出 口 和 宏
　自治財政局財政課長

風 早 正 毅
　自治税務局固定資産税課長

小野寺　　修
　国際戦略局次長

飯 倉 主 税
　情報流通行政局放送政策課長

北 林 大 昌
　総合通信基盤局電気通信事業部長

木 村 公 彦
　総合通信基盤局電気通信事業部事業政
　策課長

井 上　　卓
　統計局長

長 塩 義 樹
　東海総合通信局長

磯　　寿 生
　四国総合通信局長

## 兵庫県

黒 田 武一郎
　総務事務次官 命 総務省倫理監督官

竹 村 晃 一
　大臣官房総括審議官（情報通信担当）

稲 岡 伸 哉
　自治税務局長

山 内 智 生
　大臣官房審議官（国際技術、サイバー
　セキュリティ担当）

三 島 由 佳
　政治資金適正化委員会事務局参事官

## 奈良県

辻　　寛 起
　行政評価局政策評価課長

上 坊 勝 則
　自治行政局参事官

## 和歌山県

明 渡　　将
　大臣官房審議官（統計局、統計制度、
　統計情報戦略推進、恩給担当）命 統
　計改革実行推進室次長

## 鳥取県

平 池 栄 一
　大臣官房審議官（行政評価局担当）併
　任 財務省大臣官房審議官（大臣官房
　担当）

三 橋 一 彦
　自治行政局行政課長

## 島根県

神 門 純 一
　自治財政局調整課長

庄 司 周 平
　国際戦略局国際協力課長

稲 垣 好 展
　統計局統計調査部調査企画課長 併任
　統計情報利用推進課長

村 川 奏 支
　消防庁国民保護・防災部参事官

## 岡山県

小 原 邦 彦
　大臣官房政策評価広報課長 併任 総務
　課管理室長 併任 政策立案支援室長

久 山 淳 爾
　行政管理局管理官（特殊法人総括・独
　法制度総括、外務）

## 広島県

岡 本 成 男
　行政評価局評価監視官（農林水産、防
　衛担当）

杉 田 憲 英
　自治行政局地域政策課長

前 田 一 浩
　自治財政局長

菱 田 光 洋
　国際戦略局参事官

上 田　　聖
　統計局統計調査部経済統計課長

平 野 真 哉
　中国四国管区行政評価局長

## 山口県

新 田 隆 夫
　国際戦略局技術政策課長

## 香川県

竹 内 芳 明
　総務審議官（郵政・通信）

七 條 浩 二
　大臣官房審議官（大臣官房調整部門、
　行政管理局担当）併任 行政不服審査
　会事務局長

大 西 一 禎
　大臣官房参事官

川 窪 俊 広
　大臣官房審議官（税務担当）

野 崎 雅 稔
　総合通信基盤局電波部長

## 愛媛県

新 田 一 郎
　自治財政局地方債課長

二 宮 清 治
　総合通信基盤局長

佐 伯 修 司
　統計局統計高度利用特別研究官

## 高知県

澤 田 稔 一
　行政管理局業務改革特別研究官

## 福岡県

清 水 正 博
　行政評価局長

高 角 健 志
　行政評価局評価監視官（財務、文部科
　学等担当）

吉 開 正治郎
　政策統括官（統計制度担当）（恩給担
　当）命 統計改革実行推進室長

齋 藤 秀 生
　消防庁審議官

白 石 暢 彦
　消防庁予防課長

## 佐賀県

馬 場 竹次郎
　大臣官房地域力創造審議官

安 藤 高 明
　国際戦略局国際展開課長

## 長崎県

牛 山 智 弘
　大臣官房会計課長 併：予算執行調査
　室長

北 村 朋 生
　自治行政局選挙部政治資金課長

岩 佐 哲 也
　統計局統計調査部長

吉牟田　　剛
　大臣官房審議官（行政評価局担当）併
　任 情報公開・個人情報保護審査会事
　務局長

## 熊本県

**阿 向 泰二郎**
　大臣官房参事官 併任 総務課公文書監
　理室長

**武 藤 真 郷**
　大臣官房審議官（行政評価局担当）

**長谷川　　孝**
　自治行政局住民制度課長

## 大分県

**安 仲 陽 一**
　行政評価局評価監視官（厚生労働等担
　当）

**笠 置 隆 範**
　自治行政局選挙部選挙課長

## 宮崎県

**山 野　　謙**
　大臣官房総括審議官（新型コロナウイ
　ルス感染症対策、政策企画（副）担
　当）

## 沖縄県

**神 里　　豊**
　沖縄行政評価事務所長

# 人 名 索 引

## 総務省名鑑－2022年版

令和３年12月４日 初版発行　定価(本体3,300円＋税)

| | |
|---|---|
| 編 著 者 | 米　盛　康　正 |
| 発 行 所 | 株式会社　時　評　社 |

郵 便 番 号　　　100-0013
東京都千代田区霞が関３-４-２
商工会館・弁理士会館ビル６F
電　話　(０３)３５８０-６６３３
振 替 口 座　00100-2-23116

©時評社 2021

印刷・製本 株式会社 太平印刷社　落丁・乱丁本はお取り換えいたします

ISBN978-4-88339-292-6 C2300 ¥3300E